任洁 主编

行动中的教育机智

图书在版编目（CIP）数据

行动中的教育机智 / 任洁主编. — 上海：上海教育出版社，2020.9（2023.8重印）
ISBN 978-7-5720-0273-1

Ⅰ.①行… Ⅱ.①任… Ⅲ.①中小学教育-案例
Ⅳ.①G632.0

中国版本图书馆CIP数据核字(2020)第164420号

总 策 划　刘　芳　宁彦锋
责任编辑　公雯雯　袁　玲
封面设计　郑　艺

行动中的教育机智
任　洁　主编

出版发行　上海教育出版社有限公司
官　　网　www.seph.com.cn
地　　址　上海市闵行区号景路159弄C座
邮　　编　201101
印　　刷　上海展强印刷有限公司
开　　本　700×1000　1/16　印张 14.5
字　　数　260 千字
版　　次　2020年10月第1版
印　　次　2023年8月第2次印刷
书　　号　ISBN 978-7-5720-0273-1/G·0209
定　　价　56.00 元

如发现质量问题，读者可向本社调换　　电话：021-64373213

上海教师教育丛书编委会

主　任　李永智　尹后庆
编　委　（以姓氏笔画为序）
　　　　王　平　王　洋　王　涛　戈一萍
　　　　卞松泉　尹后庆　宁彦锋　朱益民
　　　　刘　芳　闫寒冰　孙　鸿　李永智
　　　　李　蔚　杨　荣　杨振峰　吴　刚
　　　　吴国平　陈小华　陈永明　陈宇卿
　　　　陈　军　邵志勇　周增为　赵洁慧
　　　　姜　虹　恽敏霞　袁振国　奚晓晶
策　划　吴国平

总序

教育改革的步伐已经进入了关注教师发展的新阶段。不是因为课程改革已陷于制度性疲倦,不是因为评价改革终将受制于社会发展的瓶颈,也不是因为我们拥有超过千万的中小幼教师队伍,每年有数十万的青年人正在进入这个领域。课程也好,评价也罢,根本上它们都内在于教师。拥抱"教师的年代",不在于讨论有多少以教职为生计的人,而在于如何拥有师者的内在品质,值得学生效法,使自己从一名教者成长为一名真正的师者。

关注教师是国际教育改革的普遍趋势

制度化教育确立以来,课程长期占据着学校教育的中心地位。直到20世纪60年代,国际教育界才开始把视线转向教师。这是由于课程、教学、评价、管理这些学校层面的所有改革,最终都离不开教师。尽管半个世纪以来,教师职业到底算不算专业还存有不同的看法,但关于教师的专业化问题持续受到广泛关注。

中国向来具有别于西方的教育传统。中国古代教育有重教师、轻课程的传统,唯这种传统并未演化成现代意义上的教与学的机制,更未形成制度化的学校,因此循着传道授业解惑的路径发展教师素养的希冀,愿望虽好,但缺少登梯之阶,难以形成规范。近年来,随着教育国际交流的增进,尤其是上海学生在PISA项目中的表现,引来国际社会对中国教师组织化程度经验的关注,其中教研组和集体备课被认为是两大亮点。因为在西方,教师的教学行为被认为是从属于个人的专业行为,即便是同行也不得任意干预,可以想见,其结果便影响到授业与指导经验的传播。问题是,中国学校教研组的形式究竟以怎样的方式引导教师提升专业能力,尚缺乏充分的论证和公认的成果。理论上来说,一个组织如果确实发生了影响,既有可能是正面积极的,也有可能是负面消极的。教研组对于教师的影响,既未被证实也未被证伪,能否成为经验尚待科学论证。至于集体备课,不久前在上海对近八千名中小学幼儿园教师所进行的问卷调研显示：面对庞杂的课程事实和众说纷纭的教师要求，一大批成长期的教师从茫然不知所措，到随波逐流；而所谓"成熟期"的教师则顾影自怜地停留在自我经验的世界中，真正知识讲授型教师则难觅踪影。教师发展的局限已成为深化课程改革的短板，这样的局面不改变，教育质量有大滑坡的风险。

教师的成熟需要积累丰富的社会实践

在汉语中，我们把师者称为"老师"，一般解释其中的"老"无义，表尊敬。其实《荀子·致士》中强调了做老师有四个条件，其中一条曰"耆艾而信，可以为师"。古人把五十岁的人称为"艾"，把六十岁的人称为"耆"，把七十岁的人称为"老"。这或是"老师"称谓的早期由来。可见，年龄本是成为教师的一项先决的基本条件。只是在制度化教育出现以后，尤其是以分科为特征的知识传授成为学习的基本形式形成以来，这种年龄的限制才被取消。

古人为什么会对为师者设置年龄限制？是因为教师的职业属性是一名"杂家"，这样的"杂家"不经过长期的、丰富的社会实践积累，是难以炼成的。在今人眼里，"杂家"似乎意味着专业程度低人一等。其实，无论是在古代中国还是在近代西方，强调的都是社会中的个体应具备多方面的才能。孔子所谓的"君子不器"不是在谈"杂家"吗？而马克思关于人的全面发展又何尝不是在谈"杂家"呢？及至当代，"把一个人在体力、智力、情绪、伦理各方面的因素综合起来，使他成为一个完善的人，这就是对教育基本目的的一个广义的界说"（《学会生存》）。这句话表明"杂家"较之于"专家"更近于"完善的人"。教师面对的是多姿多彩的学生，每个学生都有各自的阅历，他们的家庭、他们的生活、他们的所见所闻都不尽相同，每个学生都是一个完整的世界，每个学生又都是一个独特的世界。教师要想成为学生精神生活的指引者，自己必须是一个精神生活丰富的人。而精神生活丰富的基础就是有渊博的知识，不仅是专业知识，而且是与之相关的各方面的知识。

岗位成长已成为教师专业发展的共识

我们拥有成熟的师范教育体系，拥有完备的教师任职制度，是否就意味着我们拥有了优秀教师的培养机制？想要回答这一问题，须明了教师是师范院校培养的吗？教师资格认证制度是从教的当然资质吗？

教师知识与技能的习得途径主要有三种：一是书本阅读，二是课堂知识传授，三是实践体悟。前两种可以通过岗前培养与训练获得，后一种则需要在岗锻炼习得。这就意味着，一名真正合格的教师无法在职前培养中完成，亦无法依靠教师资格认证制度自然解决。这也可以解释为什么近年来相当数量的示范性高中多从综合性大学招收新任教师，是示范性高中教学要求低，还是这些学校无视教育的专业属性？答案显然不是。教师的专业性主要不在于"知"，而在于"行"，即一名教师在从教岗位上的实践、探索、体验、反省和觉悟。可以认为，教师是在岗位实践中自我型塑的，师范院校也好，综合性大学也罢，都不过是为一名教师从教所做的预判性准备。

所谓教学，不是教师从书本上把知识搬家一样送到学生面前，它必须融入教师自己的透彻理解，没有教师的透彻理解很难有学生的透彻理解，"以其昏昏，使人昭昭"的事在教育上是难以发生的。在教师透彻理解的基础上，还必须考虑知识传授的方法。采取什么样的方法，除了教师的个人喜好外，还涉及知识的难易程度、学生的接受程度以及教学资源的承受能力等因素，取舍之间，包蕴着非常丰富的个性化知识。一名真正的优秀教师拥有丰富的个性化知识，犹如中医问诊中的察颜把脉。这种知识无法仅仅通过书本研读和知识传授获得，需要通过实践不断揣摩，从而得到一种内化了的知识。显然，它是一种非常个人化的特殊知识，需要教师在对每个学生"辨症"施教中不断积累，其习得主要依赖于教师的个人努力。由此，可以得到一条简单而又明确的结论：帮助一名从教者，使之成为一名真正的师者。可以说，帮助数以千万计的从教者，使其早日成长为师者，这是今日中国教师教育领域的一项重大课题。

助推教师成为教育的思想者、研究者、实践者和创新者

国家兴旺，教育为本；教育优先，教师为基。持续了半个世纪的教育改革浪潮把教师发展推到了历史的前台。在当代教育的历史进程中，教师不是单纯的任务执行者，而是教育的思想者、研究者、实践者和创新者。在专业发展的路径上，教师的主体地位、精神和意识得到了时代的推崇，教师专业化发展和对教师的重新发现将对教育产生重大影响。可以说，教师问题的重要性已无须讨论，而应考虑如何实践。

新一轮课程改革呼唤着教师创造性地施行教与学的行为。吊诡的是，一大批被应试熏陶出来的青年走上讲坛，他们却被要求培养有创新能力的学生。面对变化了的教学材料和教学要求，是施教者的一脸迷茫和不知所措。英国教育家沛西·能曾说过，教师是学生学习的最大动力。问题是，迷茫中的施教者如何

才能让自己成为学生学习的动力呢?

基于上述认识,由上海市师资培训中心主持,联合上海师范大学、华东师范大学以及上海教育出版社等单位,倾力研发并打造了这套"上海教师教育丛书"。本丛书由"知会书系""知新书系"和"知困书系"三部分构成,分别聚焦新教师的教学规范、校本的教师研修经验以及优秀教师的成长启示,旨在从岗位上助推有资历和创造性的教师成长,这是我们的理想和愿望。

鉴于本书系不仅是上海也是国内自改革开放以来第一次全面系统开发的教师在岗培训教材,限于能力和水平,在编写过程中尚有诸多局限和不足,乞教于方家,不吝批评指正!

上海教师教育丛书编委会
2017 年 4 月

前言

　　新教师在专业发展的过程中，最喜欢的培训方式是什么？那就是置身于真实的教育场景中，跟指导教师一起分析问题、推敲因果、获取经验、规范行为。离开了现实情境的教育理论学习，对于初入教坛的新教师来说，容易浮于表面、缺乏实效；而流于经验化的面授机宜式的带教，又容易使新教师的专业发展之路缺少规范性、科学性。因此，新教师的规范化培训，需要一种有典型案例借鉴、有规范化路径引领、有深入浅出的教育理论点拨、有可操作性的教育策略拓展的培训模式。《场景中的教育常理》和《行动中的教育机智》就是在这样的思考下出版的两本新教师规范化培训参考资料。

　　《场景中的教育常理》侧重于引领新教师在面对一个完整的教育案例时如何开展由表及里的分析与反思，从而领悟教育常理。在一个个教育反思的过程中，学会教育案例分析的基本方法，形成规范化教研的习惯。《行动中的教育机智》则让新教师置身于真实的教育情境当中，直面案例中教师所面对的现实问题，通过对现实情境的分析、处理步骤的呈现、教育智慧的指导、细节策略的提醒，一步步引导新教师冷静应对、规范流程、寻找策略，从专家导师那里获得教育经验，积淀形成教育智慧。

　　《行动中的教育机智》包含100个教育情境，涵盖幼、小、初、高4个学段，再现了新教师在教育教学过程中面临的困境与挑战，诸如课堂教学中的思维短路、顽皮学生的捣蛋、家校沟通中"恶"家长的刁难、突发事件的解决、学生青春期的叛逆行为、班级管理中的分寸感、同事关系的微妙平衡……新教师在职初阶段可能遇到的为难、困惑、矛盾、焦虑等，几乎都可以从书中的案例对号入座。而这本书恰恰就是要帮助新教师解答"怎么办"，教会他们"如何做"。

　　首先，理清思路。教育情境中需要解决的问题虽然有很多，但一定有轻重缓急之分。新教师不妨先根据重要性和紧急性对问题进行排序，在心里快速罗列一张清单，包括眼前需要快速解决的问题、需要迂回解决的问题、事后需要亡羊补牢的问题等。这样就能找到解决问题的突破口，逐一解决。

　　其次，规范流程。教育问题虽然复杂，但也有一定的规律和处理规范。对新教师来说，了解教育问题的处理规范，远比"耍小聪明"重要得多。比如当学生在课间活动中发生意外伤害时，新教师一定要按照这样的流程处理：先送医务室再查缘由，先上报学校再联系家长，先做好治疗再商量赔偿，先处理事件再加强安全教育。这一系列规范化处理流程是建立在以学生发展为本、依法治校等教育原则基础上的，也是优秀教师多年探索的教育管理经验。如果环节缺失或打乱顺序，既不利于保护学生，也不利于保护教师。

最后，调动智慧。教育智慧常常隐藏在教育原则之下。教师面对幼儿时的一个弯腰或下蹲、上课时的"摸头杀"、家访时的自备鞋套、谈心时的一杯热茶……这些小小的细节，其实包含了教师对幼儿人格的尊重、对幼儿心理的揣摩、对教育社会性的思考和对人性化教学的执着。新教师不妨从这本书中学习优秀教师处理问题的"方法与策略"，听听"专家点评"的意见，揣摩"细节提示"，不断积累解决教育问题的智慧。

《行动中的教育机智》虽然属于"纸上谈兵"，但也是为真实的教育实践活动打基础。解决教育问题的方法和策略百花齐放，这本书的案例只是呈现了其中的一部分。新教师和指导教师在使用这本培训参考资料时，还需要根据实际情况作调整、补充和拓展。真心希望这本书能够起到抛砖引玉的作用，为更多关心新教师成长的专家和教师提供参考。

本书编写组
2020 年 3 月

目录 CONTENTS

幼儿园

常规管理篇

  1. 蝴蝶飞进活动室   3
  2. 爱告状的小孩   5
  3. 帮忙保管不是偷   7
  4. 吃饭变身记   9
  5. 不吃饭的孩子   11
  6. 忙乱的午餐时间   13
  7. 总说"我不会"   15
  8. 一听批评就厌学   17
  9. 疾病突发   19
  10. 不小心受伤了   21
  11. 有"借"必有"还"   23
  12. 养成喝水的好习惯   25

同伴交往篇

  1. 误解分享的含义   29
  2. 情急之下咬一口   31
  3. 喜欢也不能抢   33
  4. 拖后腿的君君   35
  5. 做真正的好朋友   37
  6. 争胜负与友爱互助   39
  7. 表达情绪要适度   41
  8. 换位思考更友爱   43
  9. 自我中心要改变   45
  10. 不给同伴添麻烦   47
  11. 我也推倒你的积木   49
  12. 好心办坏事   51

13. 遇事先商量　　　　　　　　53

家校互动篇

1. 兴师问罪的家长　　　　　　57
2. 小晨外婆吓坏小贾　　　　　59
3. 新教师的第一次家访　　　　61
4. 贵重物品不带入园　　　　　63
5. 共同培育自理能力　　　　　65
6. 两位家长的争吵　　　　　　67
7. 发火不解决问题　　　　　　69
8. 设施设备常检查　　　　　　71
9. 家园共育好品德　　　　　　73
10. 有话可以好好问　　　　　　75
11. 小涵爷爷的威胁　　　　　　77
12. 见面主动问个好　　　　　　79

保教实践篇

1. 问题的设计须钻研　　　　　83
2. 活动前的充分预设　　　　　85
3. 教会他正常大小便　　　　　87
4. 啃得光秃秃的手指甲　　　　89
5. 阅读课上的吵闹　　　　　　91
6. 天马行空的想象力　　　　　93
7. 探索活动失败了　　　　　　95
8. 冒险运动与安全　　　　　　97
9. 乐于和同伴交往　　　　　　99
10. 与大家分享美好　　　　　　101
11. 只依恋一位教师　　　　　　103
12. 害怕学本领　　　　　　　　105
13. 杂乱的过家家　　　　　　　107

目录

中小学

教学篇

1. 冷僻的问题 　　　　　　　　111
2. 课堂发言积极性消失 　　　　113
3. 课堂上的"瞌睡虫" 　　　　　115
4. 学生思维跑偏了 　　　　　　117
5. 教学相长 　　　　　　　　　119
6. 课堂上的敏感话题 　　　　　121
7. 全凭心情交作业 　　　　　　123
8. 课前准备很混乱 　　　　　　125
9. 不一样的教师评价 　　　　　127
10. 教师课堂情绪的失控 　　　　129

教育篇

1. "绿色惩戒"策略 　　　　　　133
2. 追星与健康成长 　　　　　　135
3. 搭建亲子沟通平台 　　　　　137
4. 他爱我但我不爱他 　　　　　139
5. 走出考试失败的阴影 　　　　141
6. 后进生也能成才 　　　　　　143
7. 被孤立的孩子 　　　　　　　145
8. 被"遗弃"的孩子 　　　　　　147
9. 玩游戏更重要 　　　　　　　149
10. 自残必有因 　　　　　　　　151
11. 学生自述有抑郁症 　　　　　153
12. 如何兼顾规则和童趣 　　　　155
13. 寝室人际关系 　　　　　　　157
14. 消极的人生观 　　　　　　　159
15. 好动的小颜 　　　　　　　　161

管理篇

1. 学生被敲诈勒索 　　　　　　165
2. 报名参赛却受非议 　　　　　167
3. 避孕套被带到学校 　　　　　169

4. 打闹中的意外伤害　　　　171
5. 男女生"大战"　　　　　　173
6. 言而有信少事端　　　　　175
7. 被困在电梯里了　　　　　177
8. 课堂上的师生冲突　　　　179
9. 失去了流动红旗　　　　　181
10. 班干部落选后"辞职"　　183
11. 教师不能偏心　　　　　　185
12. 依法依规接种疫苗　　　　187
13. 成为"秘密"的淫秽照片　189

合作篇

1. 跟老师对着干　　　　　　193
2. 多个角度还原事件　　　　195
3. 多管齐下戒网瘾　　　　　197
4. 亲子陪伴很重要　　　　　199
5. 形式多样的家长会　　　　201
6. 平稳度过早恋期　　　　　203
7. 建立家长群规则　　　　　205
8. 学会掌控时间　　　　　　207
9. 走出父母离异的阴影　　　209
10. 放学后孩子不见了　　　　211
11. 不翼而飞的钢笔　　　　　213
12. 排座位的风波　　　　　　215

后记　　　　　　　　　　　　217

幼儿园
常规管理篇

在幼儿园的日常活动中,教师常常会面对爱告状的孩子、不肯好好吃午餐的孩子、只听得进好话的孩子、认为自己"什么都不会"的孩子等,这该怎么办呢?跟幼儿讲大道理显然行不通,靠"凶"靠"哄"也不能解决根本问题。希望以下案例中教师的做法能给大家带来启发。

1. 蝴蝶飞进活动室

活动室里，小班幼儿正在教师的带领下进行学习活动。忽然，传来一阵"噗、噗、噗"的声音。幼儿们抬头一看，一只漂亮的蝴蝶飞进了活动室，活动室里顿时沸腾了。有的幼儿去追蝴蝶，有的幼儿吓得大叫……师生正在进行的常规学习活动被迫中断。

请分析上述情景产生的原因。

分析问题

案例中，小班幼儿被蝴蝶吸引，做出一些不符合常规学习活动的行为，从而导致师生常规学习活动被迫中断。形成这一问题的原因主要有以下两点：

1. 小班幼儿的无意注意占主导地位，注意力不够集中，意志不够坚定，容易受到外界事物的影响，不能保持持久的专注力；

2. 小班幼儿处于新异性探索阶段，鲜明、新颖、变化的事物容易引起幼儿的注意。蝴蝶色彩鲜艳，飞舞时发出轻微"噗、噗"声都容易激发幼儿的兴趣，从而使幼儿的注意力从常规学习活动转移到其他活动上。

处理流程

顺势吸纳蝴蝶这一意外教学资源，及时调整学习活动计划 ⟶ 引导幼儿观察蝴蝶并进行交流 ⟶ 后续通过其他学习活动丰富幼儿对蝴蝶的认知。

方法与策略

1. 顺水推舟，化教学意外为教学资源。
2. 因势利导，抓住教育契机，开展随机教育，引导幼儿观察蝴蝶的特征。
3. 针对幼儿注意力容易转移的问题，通过设定活动目标和组织多元学习活动，激发幼儿的兴趣，维持幼儿的有意注意，提高幼儿注意力的专注度和稳定性。

细节提示

第一,在开展活动的过程中,教师要关注小班幼儿的年龄特征和注意特点;第二,教师要根据小班幼儿的特点,梳理意外事件中可以利用的教学资源,灵活调整学习活动计划。

专家点评

在日常学习活动中,意外事件往往来得突然且不容设防,常规学习活动很容易被阻断。同时,小班幼儿注意力的专注度不高、稳定性不强,这一特点为学习活动的有序进行增加了难度。由此可见,常规学习活动与预设偏离是常见现象。学习活动并不是封闭、固化的行为,它与学习环境、幼儿、教师有着千丝万缕的联系。幼儿的有效学习是在师生互动、环境互动中建构的。因此,如果在日常学习活动中遇到类似的意外事件,教师大可不必惊慌,可以顺水推舟,抓住自然状态下生成的教育契机,将意外事件转化为有效的教学资源,丰富常规学习活动的内容。在自由、活跃的学习氛围中,面对鲜活、灵动的学习内容,幼儿的知识建构才能更加主动、有效地产生。

(上海市黄浦区思南路幼儿园提供)

2. 爱告状的小孩

"老师,他打我。""老师,他抢我的玩具。""老师,他说我坏话。"……相信每一个幼儿教师都遇到过幼儿告状。我们班的谭同学就很爱告状,不论是自己还是别人的事,他总是第一个跑来告诉我。有时我想置之不理,可又觉得会对幼儿产生消极影响;而在我耐心询问、处理的过程中,他会没完没了地告状。尽管我再三强调,要学会自己解决问题,但他还是喜欢这样做。

对于这种情况,教师应该怎么办?

分析问题

幼儿出现告状行为,表明他的内心有了某种心理需求,希望得到教师的关注。经过观察、分析与研究发现,幼儿爱告状的现象背后可能有以下四点原因:

1. 受到同伴侵犯,想要寻求教师的同情与保护;
2. 先发制人,希望通过告状得到教师的信任;
3. 发现同伴的某种行为不符合集体规则,想要充当正义小使者;
4. 旁观到一些情况后向教师反映,想要表现自己。

处理流程

倾听幼儿的诉说,了解幼儿告状的原因 ⟶ 在解决问题的过程中,引导幼儿掌握独立解决问题的方法,提高幼儿明辨是非的能力。

方法与策略

1. 根据告状的原因,有的放矢地关注幼儿的道德情感体验,既不能简单地不理不睬,也不能一味地鼓励。
2. 及时表扬正义、守规则的行为,及时阻止不良行为,树立道德榜样。
3. 抓住教育契机,通过组织情境讨论、提供帮助、分享问题、协商解决等策略,为幼儿提供多种解决方法,帮助幼儿提高明辨是非和解决问题的能力。

细节提示

正确对待幼儿的告状行为,明确幼儿告状的原因:是受到侵犯而寻求保护,还是为维护规则而力争,或是其他理由。根据幼儿告状的原因,有针对性地采取措施,及时解决问题。

 专家点评

3岁以后,幼儿逐渐掌握各种行为规范和道德标准,道德情感也逐渐发展起来,因而开始更多地关注同伴行为是否符合教师的要求,是否符合班级或学校规范等。这一时期,幼儿的告状行为逐渐增多,但他们的是非判断能力、问题解决能力不成熟,因此家长与教师都要充当好幼儿道德发展的引导者和领路人。

如果在幼儿因受到侵犯而寻求帮助或出于正义而揭发不良行为时,不予理睬往往会挫伤幼儿的自尊心和正义感,进而滋生不良行为;如果幼儿发生纠纷时,都由家长或教师出面帮助解决,这会给幼儿一种错误暗示:有问题找成人告状即可。那么时间久了,他们连鸡毛蒜皮的小事都会向教师告状,甚至会养成心胸狭隘的不良品格。

社会心理学认为,人的行为可以通过模仿榜样和观察习得。从这一理论来看,案例中的教师关注幼儿告状的原因,并根据告状的原因引导幼儿尝试自己解决一些简单的问题,帮助和鼓励幼儿分享解决问题的好方法。树立榜样,不失为一种积极的教育。

(上海市静安区南西幼儿园提供)

3. 帮忙保管不是偷

就要午睡了,幼儿们都在脱衣服准备上床休息。这时,只听见"哐当"一声,有什么东西掉了下来。教师回头一看,贝贝的床底突然出现一部玩具小汽车。

贝贝紧张极了,惶恐地看着教师。其他未入睡的幼儿看到贝贝床底的小汽车,有的大声叫道:"啊,贝贝拿小汽车了,贝贝偷玩具!"有的则兴致勃勃地抬起头准备一探究竟。原本安静的寝室一下子变得喧闹起来。

如果你是贝贝的班主任,应该如何处理这种情况?

分析问题

午睡时,床底掉出小汽车,引起未入睡幼儿的骚动。整个事件涉及的对象有贝贝和其他未入睡的幼儿。作为教师,要解决以下两点:

1. 安抚其他幼儿的情绪,帮助他们平稳心情,顺利入眠;
2. 弄清贝贝做此事的动机,具体问题具体分析。

处理流程

安抚其他未入睡的幼儿,帮助他们顺利入睡 ⟶ 寻找适当的时机与贝贝进行沟通,了解动机 ⟶ 根据具体情况进行分析处理。

方法与策略

当部分幼儿大喊"贝贝偷玩具"时,教师须先站在贝贝的身后给予言语支持,比如可以轻声地告诉这些幼儿,"老师之前请贝贝帮忙保管一下玩具,午睡前忘记找他拿回来了。没事了,宝贝们可以午睡啦"。以此先稳定其他幼儿的情绪,再寻找适当的时机与贝贝进行沟通,弄清贝贝的动机。

情况一:无意的——送玩具回"家"

幼儿将随手玩的或者地上捡的玩具无意中装进自己的衣袋是常见现象,只要让幼儿知道:没有经过别人的允许不能拿别人的东西,如果拿了,及时送回即可。

情况二：太喜欢——借玩具回家

幼儿园的玩具新鲜而有趣，幼儿自控力不强，遇到特别喜欢的玩具，就会装进自己的衣袋。此时，教师要理解幼儿，不要乱扣帽子，要告诉幼儿：如果喜欢，可以在征得教师同意后，将玩具借回家几日，然后按照约定好的日期归还即可。

情况三：无法分辨——学会分享玩具

部分幼儿由于年龄较小，对物品的归属感不明确，没有意识到幼儿园的玩具为集体所有，不属于个人，因此会将玩过的玩具视为己有。教师可以通过开展集体教育活动或在日常生活中注意引导幼儿通过互相分享彼此的玩具、书籍等，增强幼儿对物品归属感的认识。

情况四：经常带回家——家校共同关注

幼儿在园的一日作息中，有大量的分散游戏时间，某些时候可能不在教师的视线范围之内。有的幼儿将玩具装进衣袋带回家，教师和家长都没有发现，渐渐地，这种行为就会变成一种恶习。教师要让幼儿将玩具送回幼儿园，并与家长做进一步的沟通。家校共同培养幼儿对物品归属感的认识，使幼儿知道未经他人同意不能将物品占为己有。

 细节提示

第一，教师要保护贝贝的自尊心，稳定其他幼儿的情绪，弱化"偷"的概念；第二，低龄幼儿不良行为的产生动机会因其生活经历和发展水平的不同而不同，教师应该细致分析后采取相应的处理方法。

 专家点评

教师应该把更多的注意力用于关注幼儿行为背后的原因和幼儿无法合理满足自己愿望的发展现状。教师可以密切联系家长，在具体情境中，家校共同引导幼儿学习在遵守规则的前提下，调整满足自己愿望的方法。

（上海市杨浦区翔殷幼稚园提供）

4. 吃饭变身记

一到午餐时间，好多新入园的小班幼儿就会令人发愁。幼儿园里烧的食物没见过，不要吃；味道跟家里烧的不一样，不要吃；家里都是爷爷奶奶喂的，不会吃；一个人要吃完一份饭菜太难了，不要吃……

总之，在进餐的时候，教师和保育员喂好这桌喂那桌，还要不停地重复说："宝贝，赶快吃饭哦，这样才能身体好。"可是，幼儿们对此还是不感兴趣。

10分钟过后，有的开始将饭菜倒来倒去，弄得到处都是；有的则开始与同伴打打闹闹，嘻嘻哈哈。半个小时过去，只有一半的幼儿吃完饭。

面对这样的情况，教师应该怎么办？如何解决幼儿不愿意吃饭的问题？

分析问题

案例主要阐述了幼儿不愿意用餐、不合理用餐的问题，产生这一问题的原因主要有以下五点：

1. 小班幼儿的肌肉发育较慢，自我服务意识和能力较弱；
2. 小班幼儿离开家人，进入一个新的环境，情绪尚未稳定；
3. 小班幼儿对食物的认知水平较低，很多食物都不认识，因此他们不敢吃或不爱吃；
4. 小班幼儿在家没有养成自主、有序、按时用餐的习惯；
5. 家长对食物的选择和烹调以幼儿的口味为主，而学校的饭菜与此不同。

处理流程

开展餐前教育，如餐前故事等，平复幼儿的用餐心情 ⟶ 组织活动，激发幼儿的用餐兴趣，帮助幼儿掌握正确的用餐方法 ⟶ 树立榜样，表扬符合用餐要求和有进步的幼儿，提高幼儿的用餐积极性 ⟶ 家校合作，培养幼儿良好的用餐习惯。

方法与策略

1. 教师将用餐教育转化为"用餐变身"系列游戏活动,通过游戏激发幼儿的用餐兴趣。如变身魔法师,幼儿扮演"魔法师",而魔法师的任务就是吃食物;变身"搅拌机",让幼儿通过搅拌机各个零件的功能来认识人体的用餐器官及其功能;变身"滑梯",让幼儿通过滑梯原理理解吞咽食物。

2. 加强家校沟通,了解每一位幼儿的用餐习惯和特点,有针对性地开展用餐指导。

3. 树立用餐小标兵,及时表扬用餐进步大、用餐习惯好的幼儿,帮助幼儿养成良好的用餐行为。

4. 对用餐问题较大的幼儿家长开展个别指导。例如针对挑食严重的幼儿,提前给家长发送幼儿园的一周食谱,让家长提早在家中为幼儿烹调相应的菜肴;建议家长带幼儿一起去菜场,让幼儿了解不同的食材等。

 细节提示

第一,用餐好习惯的养成不是一蹴而就的,教师切忌责骂或催促幼儿,挫伤幼儿的用餐兴趣和积极性;第二,有的幼儿改变原来的用餐习惯,只是为了迎合教师,与在家的用餐行为大相径庭,教师要及时与家长沟通,保持家校用餐教育的一致性。

专家点评

小班幼儿因为刚刚入园,多数幼儿或多或少存在不良的用餐行为,例如挑食、偏食、吃饭速度慢、剩菜剩饭等。究其原因也是多样的,不仅有幼儿自身的发展特点,也有家长的迁就、溺爱,也有教师的用餐指导不当等。

对此,教师不仅可以通过树立一个用餐习惯好、幼儿信服的榜样,为幼儿提供良好的观察与学习对象,还可以有目的、有计划地开展丰富多样的活动,激发幼儿的用餐兴趣,指导幼儿掌握良好的用餐方法,并通过家校合作,共同帮助幼儿养成良好的用餐习惯,这些都是非常有效的用餐教育机智。

(上海市浦东新区蒲公英幼儿园提供)

幼儿园

常规管理篇

5. 不吃饭的孩子

开学有两周了，小班的好好小朋友几乎没有在幼儿园吃过饭菜。每次看到餐桌上的饭菜，她不是说"我不饿"，就是说"我不想吃"，有时甚至吃一口吐一口。

为了让她把饭吃进去，几位教师一到吃饭时间就想方设法地耐心劝导，甚至一口一口地喂她吃饭。但是，尽管教师给予了特殊照顾，却仍不见成效。

面对这样的情况，教师应该如何处理？

分析问题

案例中，好好小朋友不愿意吃饭，为此几位教师绞尽脑汁地帮助好好养成良好的用餐习惯，但收效甚微。为了解决这个难题，教师要思考以下两点：

1. 喂饭行为是否合适；
2. 如何激发幼儿自主进食的兴趣。

处理流程

分析幼儿不愿意吃饭的原因，究竟是"不会吃饭"还是"心理情绪"问题，针对原因提出策略 ⟶ 与家长沟通，家校合作，帮助幼儿养成良好的用餐习惯。

方法与策略

1. 通过谈话活动，引导幼儿了解吃饭的重要性。把常规教育真正内化为幼儿的自觉行为，让幼儿理解并接受吃饭这一对自己成长有益的行为。

2. 日常交往过程中，教师要与幼儿及时沟通，通过抱一抱、亲一亲、谈一谈等行为，与幼儿尽快建立信任关系。

3. 通过家校沟通合作，找出幼儿不愿意吃饭的原因，采取针对性措施。例如，通过与家长沟通后，了解好好是因为不爱吃蔬菜才不愿意吃饭，所以每天鼓励她吃一点蔬菜，循序渐进，及时表扬与肯定，激发好好主动用餐的积极性，消除好好的抵触情绪；同时，家校同步，相互配合，逐步解决好好不愿意吃饭的问题。

 细节提示

开展榜样教育，来自同伴间的影响往往比教师的言传身教更有用。让幼儿自身获得满足感的同时，激发其他幼儿模仿、学习获得表扬的行为。

 专家点评

小班幼儿的种种"失常"表现，多半来自分离焦虑。教师要接受这种正常现象，避免因自己的焦虑给幼儿更多的压力。

教师可以暂时不纠正幼儿的挑食行为，先和幼儿加强情感交流，建立信任感，让幼儿愿意听从教师的指导；开展丰富多样的进餐游戏，激发幼儿自主进食的兴趣；采用正餐减量、点心加量的做法；适度增加幼儿的运动量，进而提高幼儿的食量。家校同步、相互配合在此时也显得尤为重要。

（上海市宝山区行知实验幼儿园提供）

幼儿园
常规管理篇

6. 忙乱的午餐时间

午餐时间，幼儿们分批进入盥洗室。动作快的幼儿已经到了餐厅，并坐在椅子上等保育员分发午餐；动作慢的幼儿刚刚把椅子搬到桌前，准备去洗手；处于中间速度的幼儿则在上厕所、洗手。

这时，带班教师正在给一个不小心打翻汤的幼儿处理衣裤。小军和小力因为插队问题在盥洗室里大吵起来，并互相推搡。见到自己的好朋友被欺负，小军和小力的朋友们也纷纷加入"战斗"。一时间，盥洗室和餐厅乱成一团。

如果你是带班教师，应该如何处理这种情况？

分析问题

案例中，小军和小力因为插队问题发生争执，带班教师无暇顾及，盥洗室和餐厅顿时乱成一团。产生这一问题的原因主要有以下三点：

1. 带班教师难以同时兼顾教室、盥洗室以及餐厅里的幼儿；
2. 带班教师在午餐前未作好合理有序的用餐规划；
3. 幼儿自主意识和自我服务能力较弱，尚未养成良好的用餐习惯。

处理流程

餐前，做好准备，合理规划用餐流程及人员安排 ⟶ 餐中，做好用餐指导，建立幼儿用餐常规 ⟶ 餐后，在日常学习中渗透用餐习惯培养的内容。

方法与策略

1. 教师站位，尽可能同时关注全体幼儿。寻找教室、盥洗室和餐厅的中间地带，在幼儿上厕所、洗手、吃点心时，教师站在中间地段，尽量兼顾全体幼儿。如果三个地方实在不能同时兼顾，教师可以选择先重点关注幼儿比较多的地方，再关注幼儿比较少的地方。

2. 建立常规，引导幼儿分组参与生活活动。常规习惯建立初期，需要两位教师共同进班，同时关注全体幼儿。先将幼儿分成若干组，再由两位教师分别带几组幼儿先后进入盥洗室，重点指导能力比较弱的幼儿。常规习惯建立以后，幼儿便能有序地参与各项生活活动，不必教师逐一陪同、安排。

3．"三位一体"，教师与保育员密切配合。保育员共同参与生活管理，与教师分工合作。

4．环境提示，引导幼儿参与自我管理。幼儿初进校园时，教师可以有目的、有计划地先组织幼儿探讨、交流"遇到……时，怎么办"系列生活活动问题，然后引导幼儿形成统一的认识，耐心地帮助幼儿逐步建立常规习惯。

 细节提示

有序开展活动的前提就是合理规划和行规固化：第一，教师要做好用餐活动前的准备活动，包括餐具和食物的准备、发放等，教师和保育员责任分工要明确，避免出现突发状况无人处理的现象；第二，教师要关注幼儿良好用餐习惯的培养，将用餐规则常规化、具体化。

 专家点评

科学规划是活动成功的一半。教师注重用餐活动的规划与安排，为有序开展用餐活动提供了明确、有效的行动方案。当然，我们所追求的并不是一次用餐活动的有序开展，最终目的是引导幼儿养成良好的用餐习惯，培养幼儿的自主意识和自我服务能力。

此外，对能够自觉遵循常规的幼儿要及时表扬，使幼儿获得正面的强化刺激，从而使其固化下来，进而帮助幼儿逐渐养成良好的行为习惯。

同时，教师还可以引导幼儿学习生活自理，利用环境提醒幼儿注意生活活动中的相关事项。例如在点心区提供毛巾、纸巾等，告诉幼儿当牛奶洒出来时，可以用毛巾、纸巾擦拭干净。

（上海市金山区朱泾罗星幼儿园提供）

7. 总说"我不会"

帆帆的自理能力比较弱，自信心不足。午餐时间，幼儿们都尝试自己用勺子进餐，只有帆帆大叫："老师，我不会吃，你来喂我！"午睡时间，幼儿们都陆续进入午睡室，开始脱衣服准备睡觉，只有帆帆坐在自己的床上大叫："老师，我不会脱，你来帮帮我。"绘画时，幼儿们都能拿起蜡笔涂鸦，帆帆又叫道："老师，我画不来，你来帮我画。"凡是要自己动手的事情，总会听到帆帆喊老师帮忙的声音。

对于这样的幼儿，教师应该怎么办？

 分析问题

案例中，教师要解决的是帆帆不能自理的问题。通过了解发现，帆帆出现这一问题的原因主要有以下三点：

1. 家长缺乏培养幼儿生活自理能力的意识，对幼儿的日常生活统包统揽，事事包办；
2. 家长对幼儿身心发展的认识不足，始终认为幼儿还小，应受到细心照料，这些小事等幼儿长大后自然就会做了；
3. 家长不知道在培养幼儿生活自理能力的具体细节上应该如何指导。

处理流程

家校沟通，了解帆帆生活自理能力弱的原因 ⟶ 家校共育，协商对策，教师对家长提供家庭教育指导 ⟶ 有针对性地开展日常跟踪式指导，及时肯定帆帆的进步。

方法与策略

1. 宣传与引导

进行一次家访，教师与家长深度沟通，了解问题的原因，帮助家长认识到从小培养幼儿生活自理能力的重要性和过分包办的不良影响，帮助他们转变观念，增强培养幼儿生活自理能力的意识。

2. 商议与引导

教师和家长共同商量培养幼儿生活自理能力的对策。教师可以引导家长有计划地安排幼儿参加力所能及的劳动，从做些简单的家务活入手，如扫地、擦灰等，日积月累，幼儿的生活自理能力自然会得到提高。

3. 示范与练习

家教指导活动中，教师亲身示范，为家长提供参考，如通过给洋娃娃穿新衣、给小猫喂饭、给气球"擦屁股"等游戏，给幼儿提供学习生活技能的机会。

4. 指导与表扬

日常活动中，通过教师示范指导、有趣活动锻炼等方式，让幼儿在模仿练习中掌握处理生活小事的方法。同时，及时肯定幼儿的点滴进步，增强幼儿的自信心和积极性。

细节提示

教师要与幼儿多沟通，建立良好的师生关系，平时多亲近、关心幼儿，对幼儿的点滴进步给予充分肯定，帮助幼儿树立自信心，让幼儿体会自己的事情自己做的快乐。

专家点评

方法和鼓励是提高幼儿生活自理能力的两个重要法宝。幼儿身体的协调性、手指的灵活性还在不断发展中，成人眼中一件不起眼的小事，对于幼儿来说却是一件不容易的事。因此，幼儿需要掌握一定的方法和技巧，如穿裤子要先辨别正反面，再把腿伸进裤腿等。这些步骤都需要家长和教师手把手地教，需要幼儿一遍又一遍地练习，增强肌肉记忆。幼儿生活自理能力的培养不是一日之功。当幼儿勇敢尝试或取得一点进步时，应及时鼓励和肯定；当幼儿遇到苦恼时，应及时安慰和激励，并给予指导。家校同步，持之以恒，反复训练，相信幼儿可以具有基本的生活自理能力，这也能为幼儿的未来生存奠定基础。

（上海市奉贤区实验幼儿园提供）

幼儿园
常规管理篇

8. 一听批评就厌学

乐乐喜欢别人表扬他，如果教师或同伴表扬了他，他就会觉得教师对他好，大家都很喜欢他，因此开心地来幼儿园。有一次，他欺负依依，把她弄哭了，却不肯道歉。于是，教师找他谈话，对他进行批评教育。没想到第二天他竟然不肯来幼儿园了，产生了厌学情绪，乐乐妈妈对此表示不理解。

如果你是教师，应该怎样教育乐乐，应该如何与家长进行沟通？

分析问题

案例中，乐乐的内心可能比较脆弱，性格也比较内向。平时教师或同伴的表扬让他的内心得到了满足。但是他做错事情后，却不能勇敢地面对自己的错误，并且因为受到批评，就认为教师不喜欢他了，产生了厌学情绪。这是他逃避现实、保护自己的一种应激反应。

处理流程

教师告知家长批评的缘由 ⟶ 家长向幼儿了解想法 ⟶ 家长开导幼儿，并及时与教师进行沟通 ⟶ 幼儿来园时，教师向其表明"改正错误了，老师还是喜欢他"的态度。

方法与策略

1. 教师要了解家长是否比较溺爱自己的孩子，并用合适的方式与家长进行沟通，告诉家长今天幼儿在园内发生的事情，以免产生不必要的误会。

2. 幼儿产生厌学情绪后，教师应该引导家长先和幼儿进行深度沟通，了解他不想上学的原因；家长要让幼儿知道：做错事情要道歉，只要承认了自己的错误，教师和同伴还是喜欢他的；要鼓励幼儿勇敢地面对自己犯下的错误。

3. 由于幼儿的内心比较脆弱，所以幼儿来园时，教师应当立即上前抱抱他，让他觉得老师还是喜欢自己的，教师还可以告诉他"改正错误了还是好孩子"。

4. 教师要创造机会让幼儿和同学再次成为好朋友,并一起做游戏。

 细节提示

第一,在幼儿的一日生活中,教师要观察幼儿的个别差异,了解他们的性格特点,积极引导幼儿向更好的方向发展;第二,教师要经常与家长交流幼儿的情况,更好地达成家校共育的目标。

 专家点评

批评教育是一门艺术。批评要充满感情,语言要谨慎,循循善诱。案例中,对乐乐批评的目的不在于让乐乐去道歉,而是要让乐乐明白错在哪里、为什么错、错误会产生的后果以及如何改正错误等。只有这样,幼儿才能正视自己的错误,并心悦诚服地认错。

教师要让幼儿明白:人在小时候总会犯这样或那样的错误,做错事、说错话都不要紧,重要的是要勇敢地面对错误,并积极改正,这样反而会赢得更多的尊重和喜爱。教师还要关注幼儿情绪的变化,并根据实际情况对幼儿进行正面引导,少指责,多尊重。

(上海市奉贤区南中路幼儿园提供)

9. 疾病突发

多年前的一则新闻，报道了某幼儿园的一起突发事件。午睡期间，一位幼儿哭着告诉当班教师"我眼睛疼"，边说边不停地揉眼睛，双眼通红，泪流不止。但早上来园时，他还是好好的。当时正是"红眼病"流行的时节，教师凭经验判断，该幼儿有可能被感染了。

如果你是当班教师，应该怎么处理？

分析问题

案例是幼儿午睡期间发生的意外事件，在这个事件中，当班教师要解决以下三个问题：

1. 及时救治患儿，并弄清原因；
2. 安置班中其他幼儿，并进行健康管理；
3. 向学校上报事件，与家长进行沟通。

处理流程

启动应急预案 ➡ 撤离与隔离 ➡ 送诊与上报 ➡ 消毒与预防 ➡ 回访与跟踪处理。

方法与策略

1. 教师应立刻通知全班幼儿起床穿衣服。
2. 教师快速帮患儿穿好衣服，同时通知班级保育员迅速带患儿到保健室隔离，并由保健教师通知患儿家长接幼儿送医院就诊。
3. 教师应立即开窗通风，带领全班幼儿快速撤离卧室后进入盥洗室洗手，并带幼儿到幼儿园专门给隔离班级使用的室外场地上散步、晒太阳等。教师应及时清洁并消毒双手，更换外衣。
4. 保育员更换消毒专用服装，对卧室、活动室、餐厅进行重点消毒，并向相关部门上报有关情况，及时通知幼儿园领导、其他教师和各部门工作人员。

5. 教师应密切关注患儿的就诊情况，弄清发病的原因，仔细排查其他幼儿的身体状况，加强与家长、保健教师的沟通，共同做好预防工作。

 细节提示

当意外发生时，教师要本着"救援第一"的原则立即救助幼儿，然后与家长进行积极的沟通。在这一事件中，教师要兼顾患儿和其他幼儿。既要将患儿送诊，又要做好隔离工作，避免发生疾病交叉感染。

 专家点评

幼儿园内诸如呕吐、磕碰、感染等都是常见的意外事件。作为一名合格的幼儿教师，应储备相关紧急预案和急救知识。从案例来看，幼儿教师在处理意外事件的过程中做到了有条不紊、及时和有效。

（上海市嘉定区新翔幼儿园提供）

幼儿园
常规管理篇

10. 不小心受伤了

幼儿园里，大班幼儿户外散步结束后，陆续到午睡室准备午休。星星却还很兴奋，他拉着旁边床的洋洋，一起手拉手在床上跳啊跳。他们正跳得起劲时，教师说："小朋友该睡觉了，不要跳了。"洋洋立刻甩开手，可星星一下子没有防备摔倒在床上，脑袋撞了一个大包，擦破了皮，顿时大哭起来。

如果你是教师，应该如何处理这种情况？

 分析问题

案例呈现了一起幼儿之间的意外伤害事件。处理此事件时，教师要解决以下四个问题：

1. 了解和处理星星的伤情；
2. 了解事故的原因，并安抚两位幼儿的情绪；
3. 及时与双方家长进行沟通；
4. 后续跟进安全教育活动。

处理流程

及时送诊，安抚幼儿的情绪 ⟶ 立即将幼儿送到医务室处理伤口 ⟶ 联系双方家长，做好沟通、协商工作 ⟶ 跟踪并回访。

方法与策略

1. 教师从班级小药箱中取出干净的纱布帮星星按压伤口，将星星送到医务室处理伤口。
2. 联系星星家长，沟通中再现情境，告知伤口处理情况和注意事项，并提出合理建议，让星星家长了解洋洋并非故意的。
3. 联系洋洋家长，告知发生的情况，引导家长配合教师做好后续协商、赔偿、回访等工作。
4. 对全体幼儿进行安全教育，指导幼儿在人多的环境中要保护自己和同伴的安全。

 细节提示

第一,安抚星星情绪的同时,也要观察洋洋情绪的变化,避免出现其他幼儿责怪洋洋的情况;第二,后期应开展安全教育和自我保护活动。

 专家点评

案例中,幼儿教师处理问题能兼顾事件中的两个对象星星和洋洋,问题分析细致、周全,问题处理果断、合理。用情景再现的方法帮助家长了解事实,不仅直观有效,也更容易获得家长的谅解。同时,关注受伤幼儿情绪的变化,对抚平受伤幼儿的心理创伤有积极作用。

(上海市虹口区教师进修学院提供)

11. 有"借"必有"还"

下午起床后，几位教师正在给幼儿梳头发时，小尤尤红着眼睛走到张老师面前，说："张老师，我的小铃铛手镯不见了。"张老师听后的第一反应是她可能起床后将手镯丢在了床上，忘了拿，于是让她去自己的床铺找一找。

可是，小尤尤找了两遍也没有找到。这时，另一位幼儿说是王同学拿的。可王同学却不承认，说："睡觉前借小尤尤的手镯玩了一下，后来还给她了，再后来睡着了就不知道了。"张老师怀疑小尤尤是不是不小心将手镯丢在床底下了，于是就跑去卧室又找了找，却发现手镯就在王同学的床上……

面对上述情况，教师如何处理才能既不伤害幼儿面子，又能开展品德教育？

分析问题

这一阶段的幼儿，由于心理发展水平较低、自控能力差以及一些外在环境因素的影响，常常会不自觉地做出"偷窃"行为。这种行为性质比较单纯，但也是不能忽视的问题，否则长此以往，幼儿会养成不良习惯。面对这个案例，教师要先弄清楚王同学"拿走"手镯的原因，并根据具休原因有针对性地解决问题。

处理流程

仔细调查，梳理事情的真相 ⟶ 弄清幼儿"偷窃"的原因 ⟶ 针对原因，选择合理的方法进行教育 ⟶ 引导幼儿主动归还物品 ⟶ 家校共育 ⟶ 后续跟踪并观察。

方法与策略

1. 仔细调查，了解幼儿"偷窃"的原因。在确认幼儿有"偷窃"行为时，应及时与幼儿私下沟通，了解幼儿是因"自我中心"导致的物权意识不清晰，或是因家长或周边成人的不良示范，还是因喜爱而想占为己有等。

2. 根据具体原因，采取不同的方法与策略，如正面强化教育、榜样示范、开展物权教育等。

3. 在合理教育后，教师应创造机会，帮助幼儿归还物品，并取得失主的原谅，让其明白"主动承认错误，还是好孩子"。此外，对于幼儿的撒谎行为也要及时指正。通过家校共育，帮助幼儿养成诚实、正直、有规则等意识。

细节提示

第一，遇到幼儿"偷窃"问题时，教师应先弄清楚原因，不要随便冤枉幼儿，不给幼儿贴上"小偷"的标签；第二，家校沟通时，不以告状为目的，做好家庭教育指导；第三，引导幼儿归还物品前，应先与失主沟通，使双方态度一致。幼儿把东西还给失主时，失主必须表现出宽容，并原谅他的过失，教师应告诉他"知错能改，仍然是好孩子"。

专家点评

这一阶段，幼儿的认知发展水平有限，往往会因为喜爱、占有心理而拿走集体或别人的东西。对此，教师和家长要有足够的耐心与爱心，引导幼儿从"以自我为中心"、缺乏是非判断的世界过渡到一个成熟的、有是非观念的世界，帮助幼儿从偶发的"偷窃"行为中走出来，养成正直、坦荡的良好品质。

（上海市奉贤区南中路幼儿园提供）

12. 养成喝水的好习惯

入秋之后，天气越来越冷，小班幼儿在喝水时，倒的水也越来越少了。教师每天不仅要叮嘱幼儿多喝水，还要指导大部分幼儿如何倒水。尽管如此，幼儿在喝水时，依然只是在饮水机的开关上点两下就完事，喝两口就不愿再喝，急急忙忙地去找同伴玩了。

面对这种情况，教师应该怎么做？

分析问题

案例中，教师遇到了幼儿园常规管理中的常见问题：幼儿不爱喝水。形成这一问题的原因主要有以下三点：

1. 由于天气变冷，幼儿的出汗减少，不容易口渴；
2. 在自主喝水的过程中，有的幼儿为了省时省力，心里急着要和同伴去玩；
3. 教师指导幼儿喝水的策略不到位。

处理流程

通过访谈和观察，了解幼儿日常喝水状况以及不愿意喝水的原因 ⟶ 针对原因，制定引导幼儿喝水的策略 ⟶ 明确幼儿园内的喝水时间，并做好记录 ⟶ 后续跟踪和指导。

方法与策略

1. 创设良好的喝水环境，如利用一些卡通图片，引导幼儿了解多喝水的益处，还可以用图片的方式告诉幼儿如何正确倒水。
2. 鼓励幼儿在喝水之后通过插卡、夹子、磁铁等形式做记录，既教会小班幼儿如何做记录，又把喝水变成一件有趣的事情。
3. 利用儿童化的语言引导幼儿喝水，比如"我是大水牛，多喝水，身体好！你是大水牛吗"等，提高幼儿的认同感，从而养成良好的生活习惯。
4. 教师可以和幼儿共同饮水，让幼儿和教师一起体验喝水的快乐，身教胜于言传。

细节提示

小班幼儿生活习惯的养成,需要教师耐心地、不断地引导,通过创设环境和亲身示范,促进幼儿良好生活习惯的养成。

 专家点评

幼儿成长阶段是良好行为习惯培养的关键期,有很强的可塑性和教育性。教师可以抓住这个关键期,从幼儿的兴趣入手,通过开展丰富多样的饮水游戏,激发幼儿主动饮水的欲望。入秋后,室外活动减少,室内活动增加,适度增加幼儿的运动量,增强幼儿的饮水需求;通过教师的榜样示范,与幼儿共同体验喝水的乐趣;明确饮水时间,给予幼儿充足的喝水时间,将饮水兴趣慢慢固化为幼儿良好的饮水习惯。此外,家校同步、共同配合也非常重要。

(上海市金山区朱泾东风幼儿园提供)

幼儿园
同伴交往篇

在幼儿园这个集体中，幼儿开始慢慢积累早期的人际交往经验。这是幼儿从以自我为中心到逐渐社会化的过程，需要教师耐心地引导。当教师强调"分享"的时候，幼儿却以此为理由强迫别人分享玩具；当教师教育幼儿"热情待人"的时候，幼儿却常常因为过分热情而遭人讨厌……如何引导幼儿学会交往，如何引导幼儿体验人际关系等，都需要教师的智慧。

1. 误解分享的含义

早晨，乐乐刚进教室就奔向建构区。"我也想玩，你们让我玩一玩吧！""不要！"建构区内先来的三名幼儿拒绝了乐乐。"你们让我玩一会吧，好吗？""不行，这里已经有三个人了。"乐乐大声说道："你们已经玩了很久了，为什么不让我玩？"建构区内的三名幼儿没有回应。乐乐生气地大喊道："你们怎么都不分享？好玩的应该分享！你们怎么这样？"

圆圆带了新的变形金刚，正在和珂珂交换玩具。乐乐拿了一个小汽车走向他们，问道："圆圆，我想和你交换玩具，我们分享好吗？"圆圆不愿意。"珂珂，你可以和我分享圆圆的玩具吗？"乐乐大声喊道。"这是圆圆的，不是我的。"珂珂答道。

如果你是教师，应该如何看待情境中幼儿们出现的这些问题？

分析问题

案例中，幼儿不愿意分享的背后，可能有以下两点原因：

1. 乐乐对于分享的理解存在误区，没有明白分享的前提是出于自愿；
2. 小班幼儿处于自我中心阶段，这一年龄特征所表现出的是在交往中带有明显的自我中心倾向，常常把自己的需要作为唯一的标准。

处理流程

增加活动器材，创设游戏空间，满足幼儿的游戏需求 ⟶ 通过情境扮演，帮助幼儿理解分享的含义 ⟶ 创设情境，鼓励幼儿践行分享行为。

方法与策略

1. 教师应该基于幼儿的游戏需求，增加建构区的开放时间，让幼儿获得充足的游戏时间。
2. 针对部分幼儿对于不分享行为的质疑，及时调解幼儿间的矛盾。案例中的幼儿对于分享行为存在误解。教师可以借此机会和幼儿探讨何为分享，帮助幼儿理解分享的含义。

3. 尽管小班幼儿正处于自我中心阶段，但是仍然会产生分享行为。教师可以借助已产生的分享行为和幼儿展开讨论，并对分享行为进行表扬、鼓励，促使分享行为产生，推动幼儿的社会交往。

 细节提示

第一，改变幼儿对分享的错误认知，告诉他们"分享是每个人都可以玩，而不是送给别人"；第二，通过设定分享条件和指导幼儿分享行为，保障幼儿对自己持有物、公共器材和游戏机会的绝对安全感；第三，及时使用鼓励、赞许、奖励等方式强化幼儿的分享行为，让幼儿体验分享的快乐。

 专家点评

在培养幼儿分享行为的过程中，帮助幼儿正确理解分享的含义是非常关键的环节。由于幼儿个体心智还不成熟，对抽象语言很难理解，所以，教师不能只是单纯地口头引导，否则容易出现言行不一致的现象。

教师可以引导幼儿体会不分享的失落感，并帮助幼儿将分享转化为自觉行动，指导幼儿如何进行分享，同时通过适当的语言、动作、表情等肯定幼儿的分享行为，强化幼儿的愉快体验，从而使幼儿渐渐学会乐于与人分享。

（上海市浦东新区冰厂田幼儿园提供）

2. 情急之下咬一口

上午，幼儿们都在班级里热情高涨地玩角色游戏。突然，悦悦一把抢过丁丁正在使用的夹子。丁丁说："这是我的，还给我！"悦悦把夹子往远处一扔。丁丁跑过去一把抱住悦悦的头，朝他脸上咬了一口。悦悦开始大哭，脸上留下了两排牙印。虽然没有破皮，但半个脸都红了！

如果你是教师，应该如何处理这种情况？

分析问题

案例中呈现了两个冲突事件：一是悦悦抢走了丁丁的夹子，并将其抛掷到远处；二是丁丁咬伤了悦悦的脸颊。对此，教师要处理以下三个问题：

1. 如何处理悦悦脸上的牙印；
2. 弄清事故发生的原因；
3. 如何与悦悦和丁丁的家长沟通。

处理流程

及时送悦悦到保健室处理牙印 ⟶ 询问事件发生的原因和过程，开展个别教育和集体教育 ⟶ 告知双方家长 ⟶ 记录备案 ⟶ 回访追踪处理。

方法与策略

1. 紧急救治，安抚情绪。第一时间将悦悦送到保健室，请保健教师对伤口进行冰敷和消毒，并安抚悦悦的情绪。
2. 询问事件的过程，开展个别教育和集体教育。与幼儿进行沟通：不可以抢别人的东西，要心平气和地与同伴商量，征得本人同意后才能拿走东西；和同伴发生矛盾时，可以提醒同伴或者告知教师，切忌动手或动口伤人。
3. 第一时间告知双方家长：告知悦悦家长，表示歉意，并提示回家后处理牙印的方法；告知丁丁家长，说明利害情况，建议主动与悦悦家长沟通；与双方家长协商见面时间，达成友好的处理方式。

细节提示

第一,注意观察,规避类似情况的再次发生;第二,加强同伴友爱相处的宣传教育;第三,加强安全教育和管理。

 专家点评

案例中,两名幼儿都认为自己受了伤害。悦悦的伤,反映在体表;丁丁的伤,更多在感受。两人下意识的反应,都会认为问题在对方。悦悦和丁丁都需要教师的理解和抚慰,尤其不可忽略丁丁的感受。教师专业地解读幼儿的心理和行为,家长配合教师对幼儿进行同伴教育,必会使幼儿获益匪浅。

(上海市闵行区莘庄镇幼儿园提供)

幼儿园

同伴交往篇

3. 喜欢也不能抢

上午户外运动时,幼儿们在草坪上踢足球。小喻喜欢粉色的球,可是她拿到的却是蓝色的球,她想跟好朋友小萱交换,可是小萱不同意。小喻也没有强迫,跟在小萱的后面一起玩。转了一圈后,小喻趁小萱不注意,一下把球抢走了,小萱急忙追上去。两人争抢中,小喻一口咬在小萱的手上,三个红红的牙印留在她手上,其中一个印子还破了。

如果你是教师,应该如何处理这种情况?

 分析问题

案例中呈现了两个冲突事件:一是小喻不愿意跟小萱交换足球;二是小喻抢走了足球,并咬伤了小萱。为解决幼儿之间的冲突,教师要处理以下三个问题:

1. 处理小萱的伤情,并安抚情绪;
2. 了解事件的经过,与双方家长进行沟通;
3. 缓和小喻与小萱紧张的关系。

处理流程

及时送小萱到保健室进行消毒处理 ⟶ 了解事件发生的经过 ⟶ 与双方家长沟通、协商 ⟶ 创造情境,帮助小喻和小萱重建友谊。

方法与策略

1. 第一时间送小萱到保健室进行处理,查看伤情。
2. 了解事件发生的经过,及时联系双方家长,将事情的原因、过程告诉家长,让家长了解打闹的原因,努力让双方家长达成谅解,帮助双方家长协商解决方案。
3. 密切关注小萱的情况,创造条件使小喻和小萱重建友谊。
4. 加强同伴友爱相处的宣传教育,如全班开展讨论"怎样才能通过正当途径得到自己喜欢的东西"。引导幼儿明白：看到自己喜欢的东西，如果不是自己的，一定要征得别人的同意后才可以拿，绝对不能通过不正当的途径得到。

5. 注意观察，提前规避类似情况的再次发生。

 细节提示

第一，这一阶段的幼儿仍是以自我为中心，因此教师要帮助幼儿了解同伴的感受，如被拿走心爱玩具的感受，没有机会接触心爱玩具的感受等；第二，教师要教会幼儿如何正确地处理矛盾。

 专家点评

幼儿争抢玩具的现象非常普遍，教师可以以此事为契机，对全体幼儿进行同伴友爱相处教育，帮助幼儿掌握正确处理矛盾和冲突的方法，避免此类事件的再次发生。

（上海市浦东新区冰厂田幼儿园提供）

4. 拖后腿的君君

大班"扭扭虫爬行"游戏开始了，苹果队和橘子队的比赛进行得非常激烈。轮到橘子队的君君小朋友时，她只爬了一会，就停下了。此时，幼儿们还在激动地呐喊，君君却站在原地号啕大哭。最后，教师宣布苹果队获胜。一阵欢呼过后，橘子队的一个小男孩用手指着君君，生气地说："都怪你！"

对此，教师应该如何处理？

分析问题

案例中，由于君君中途大哭，使得团队输了比赛，遭到团队同伴的指责。在这件事情中，教师要处理以下三个问题：

1. 了解君君停止游戏的原因；
2. 如何安抚君君和小男孩的情绪；
3. 如何引导其他幼儿正确看待这件事情。

处理流程

了解君君停止游戏的原因 ⟶ 了解小男孩指责君君的原因，并作出客观评价 ⟶ 向全班澄清事件原委，开展集体讨论，进行正面引导 ⟶ 家校沟通。

方法与策略

1. 个别沟通，了解事件原委。分别与君君、小男孩以及其他幼儿进行沟通，了解君君哭泣的原因、小男孩指责的原因以及其他幼儿对事件的看法。
2. 沟通教育，传授与同伴正确相处的方法。第一，引导君君认识到：遇到自己确实无法解决的困难时，向同伴求助是个好办法，"哭"不能真正解决问题；第二，引导小男孩认识到：指责君君是出于对班集体的热爱，说明你有很强的集体荣誉感，值得表扬。但是，在不了解具体情况时就指责同伴，这不但不能解决问题，反而会伤害同伴，要及时改正。

3. 还原事情原委，开展集体讨论：大家认同君君的做法吗？如果你也有和君君一样的情况，你会怎样做？小男孩的做法好吗？

4. 开展集体教育，引导全体幼儿了解，不能在完全了解情况之前就指责别人的行为；当个人遇到困难或感到难以完成团队任务时，可以早点提出来；当小组同伴遇到困难时，大家要协商应对方法。

 细节提示

第一，下午离园时，教师可以联系君君家长，告诉家长君君停止游戏的原因，和家长一起商量如何培养幼儿的抗挫折能力；第二，教师可以联系小男孩的家长，告知家长他指责同伴的行为，共同商议如何引导幼儿正确表达自己的想法。

专家点评

幼儿对自己如何与他人、同伴友好相处的认识尚处于懵懂阶段。教师要适时引导幼儿树立正确观念，如遇到自己确实无法解决的困难，应及时向同伴求助，这是很正常、很有效的做法。

（上海市青浦区徐泾幼儿园提供）

幼儿园

同伴交往篇

5. 做真正的好朋友

厕所里，咪咪拍了瑶瑶一下，瑶瑶回过头打了咪咪一下。咪咪说："你干吗打我？"瑶瑶说："你先打我的。"咪咪生气地离开了，并把这件事告诉了好朋友芽芽。芽芽说："我去帮你。"于是，芽芽去找瑶瑶理论了起来。芽芽说："你打咪咪就是不对，我要帮她打回来。"于是，芽芽动手打了瑶瑶。瑶瑶不甘心被打，立即回手，两人打了起来。瑶瑶的手被抓破了，哇哇哭起来。

如果你是教师，应该如何处理这种情况？

 分析问题

案例中，有两个关键事件：一是瑶瑶与咪咪互相拍打的事件；二是芽芽帮好朋友咪咪出气，与瑶瑶发生争执。在整个事件中，教师要处理以下三个问题：

1. 处理瑶瑶的伤口；
2. 了解事件产生的原因；
3. 和双方家长沟通。

 处理流程

及时处理瑶瑶的伤口 ⟶ 了解事件的原因和经过 ⟶ 和双方家长沟通。

方法与策略

1. 及时带瑶瑶到保健室处理伤口。
2. 了解事件的原因和经过。
3. 帮助幼儿分析并明确事件的是非对错，引导幼儿思考：咪咪出于喜爱之情拍了瑶瑶一下，为什么却引发了一场不愉快的打闹？教师和全班幼儿一起帮助咪咪和瑶瑶和解。
4. 和双方家长沟通，讲清事件的原因和经过，双方家长互相谅解，握手言和。

细节提示

第一，以此事为例，对全班幼儿开展教育，比如要在适当的场合做出正确的举动，以免引起不必要的误会等；第二，和幼儿一起讨论，作为朋友，应该如何帮助自己的好朋友；第三，指导幼儿学会保护自己人身安全的方法；第四，加强安全监督。

 专家点评

这一阶段，幼儿情绪的稳定性较差，常常受到外界环境影响。因此，幼儿在与同伴互动的过程中常常有一些过激行为，教师要及时给予引导和教育。

（上海市静安区安庆幼儿园提供）

6. 争胜负与友爱互助

新学期，教师投放了很多崭新的个别化学习材料。有一次，岑岑和萱萱选了"动物竞技场"游戏。岑岑对游戏比较熟门熟路，萱萱则刚开始玩，因此玩了几次都是岑岑赢。

过了一会儿，城城来了。他先在一旁看着，看了一会儿后加入他们的游戏，教萱萱怎么玩。在城城的帮助下，萱萱赢了。这时，岑岑有些不高兴了，说："这里我们两个人够了，你去别的地方玩。"城城说："我也想玩，我就在旁边看。"岑岑又说："不行，三个人不好玩。"城城只好无奈地走开了。

面对这种情况，教师应该如何处理？

分析问题

案例中，幼儿之间有较强的求胜心，不能做到互帮互助。在这个事件中，教师要处理以下三个问题：

1. 幼儿是否都能遵守游戏规则；
2. 在遵守游戏规则的前提下，对于不会玩的幼儿，同伴之间是否能用互助的方法解决问题；
3. 如何引导求胜心过强的幼儿在游戏中保持平常心。

处理流程

肯定幼儿在游戏中都能遵守游戏规则 ⟶ 处理幼儿因求胜心过强而产生的不和谐的同伴互动问题 ⟶ 教师参与游戏，示范恰当的同伴游戏行为 ⟶ 利用游戏讲评时间组织幼儿进行讨论。

方法与策略

1. 及时表扬与适度引导。教师通过及时地表扬唤起幼儿的求胜心，使幼儿在成功的体验中树立求胜意识，同时教师要正确引导幼儿的求胜心。适度的求胜心可以帮助幼儿建立必要的信心，并获得进步的动力；过度的求胜心则会阻碍幼儿的正常发展，激起幼儿的嫉妒心理，使幼儿不能正确地认识自己，进而阻碍幼儿与同伴的交往。

2. 运用情绪转移法。肯定岑岑在这个游戏中表现出的能力很强，鼓励他成为游戏的小老师，把获胜的方法教给更多的小伙伴。同时，告诉他学会本领的小伙伴越多，就说明他的本领越大，从另一个角度肯定他的能力。

3. 角色扮演，培养幼儿的规则意识。教师通过扮演"幼儿"、充当"裁判"参与幼儿游戏，通过正确示范、行为纠正等方式帮助幼儿形成规则意识。

 细节提示

第一，表扬要适度，既要保护幼儿的求胜心，又要进行正确的引导，营造友爱互助的氛围；第二，规则意识的建立不是一蹴而就的，要在日常游戏活动中一以贯之。

专家点评

社会性的培养是幼儿教育的重要内容之一。胜负心过重会阻碍幼儿社会性的发展，教师要利用多种形式和渠道教会幼儿平衡自己的胜负心，与同伴和谐交往，帮助幼儿健康成长。

（上海市静安区南西幼儿园提供）

幼儿园

同伴交往篇

7. 表达情绪要适度

开展自由活动时，幼儿们拿着自己从家里带来的玩具，三三两两围在一起玩了起来。

小丽带来的音乐魔法棒引来了许多女生的围观，她们都争着想用自己的玩具与小丽交换魔法棒。小丽指定了三个平日和自己比较要好的女生留下，拒绝了小雅。小雅生气地说："有什么大不了，你的魔法棒是假的，什么也变不出！"小丽被激怒了："就不给你玩，哼！"说完，还举着魔法棒在小雅眼前晃了几下。这时小雅猛地一挥，把魔法棒打在地上，魔法棒摔裂了。小丽把小雅推倒在地，自己哭着跑向教师……

如果你是教师，应该如何处理这种情况？

分析问题

案例中，小丽和小雅没有适当地表达自己的情绪，产生了争执。在这个事件中，教师要处理以下四个问题：

1. 检察摔倒的小雅有无受伤；
2. 弄清事情发生的经过；
3. 化解幼儿之间的矛盾；
4. 与家长沟通。

处理流程

检察小雅有无受伤 ⟶ 送小雅到保健室检查和处理 ⟶ 与幼儿交流，了解事件的经过 ⟶ 对全体幼儿进行教育 ⟶ 与家长沟通。

方法与策略

1. 第一时间检察摔倒幼儿的情况，主要检察头部是否碰撞地面、肢体有无肿痛等。根据情况决定是否送保健室做进一步检查和处理，如冰敷、观察等。

2. 与小丽、小雅以及在场的几位旁观幼儿交流，了解事件的原因和经过，并开展同伴交往教育。

3. 根据情况严重程度，选择立即与家长电话沟通或幼儿离园时与家长当面沟通，告知家长事件的经过。一方面，与家长取得在同伴交往教育方面的一致性，请家长回家给予相应的引导和教育；另一方面，根据玩具的损坏程度以及小雅的伤情，请双方家长达成赔偿协议，并互相谅解。

 细节提示

第一，教师要重视班级幼儿同伴交往中出现的问题，并有针对性地开展指导，比如如何恰当地表达自己的情绪、如何接纳和拒绝他人等；第二，通过树立榜样、制定班级公约等措施，努力营造友好相处的班级氛围。

 专家点评

在同伴交往中，幼儿容易情绪激动，不能对自己的行为作出正确的判断。一方面，教师要及时引导幼儿学习用恰当的方式表达自己的情绪；另一方面，教师可以通过平行游戏，为幼儿同伴交往提供正确的示范，帮助幼儿纠正错误行为。

（上海市长宁实验幼儿园提供）

8. 换位思考更友爱

自由活动时间到了，幼儿们开始玩自己带的玩具。明明看见红红的托马斯火车很想玩，就想拿自己的机器人和红红交换。红红不答应，明明就把红红的托马斯火车抢了过来。红红哭着向老师告状，明明很有道理地对老师说："老师，你不是说过玩具是可以交换分享的吗？"

针对这种情况，教师应该如何教育和引导？

分析问题

案例中的关键是：幼儿之间不愿意交换玩具而引发了争抢。事情涉及两个幼儿：一个是要求换玩具并抢夺同伴玩具的明明，一个是不愿意交换玩具的红红。化解这一矛盾，教师要处理以下三个问题：

1. 如何向同伴借玩具；
2. 当同伴向你借心爱的玩具时，应该怎么办；
3. 如何帮助幼儿正确理解分享。

处理流程

安慰红红 → 进行个别沟通和教育 → 引导红红和明明交流各自的想法 → 协商如何解决矛盾 → 创造条件，帮助幼儿和好如初 → 引导幼儿体会共同游戏的快乐。

方法与策略

1. 安抚情绪，个别沟通，了解红红哭泣的原因以及明明抢玩具的原因。
2. 通过共情帮助幼儿换位思考。第一，对明明：如果你是红红，你喜欢的玩具还没有玩好就被别人抢走了，你会怎么做？并明确一个原则：玩具主人同意后才可以交换。同时，让明明说一说接下来应该怎样求得红红的原谅。第二，对红红：如果你是明明，看到别人喜欢的玩具也想玩，你会怎么做？
3. 创造机会，握手言和。安排安静舒适的小空间，让红红和明明交流各自的想法,然后共同寻找解决矛盾的方法,帮助明明和红红和好如初。

4. 组织"1小时玩具交换"的活动,引导幼儿体会共同游戏的快乐。

 细节提示

第一,教师可以在班级中让全体幼儿了解交换玩具的规则和礼貌;第二,教师可以提示幼儿要爱护别人的玩具,不要弄坏别人的玩具。

 专家点评

幼儿在社会交往初期以自我为中心,在交往中常常会出现争抢、拌嘴等现象。因此,教师要当好幼儿人际交往的引路人,纠正幼儿不良的交往行为,传授交往技巧。语言是幼儿交往的桥梁,教师可以在日常生活与教学中不断丰富幼儿的交往语言,引导幼儿正确使用礼貌用语。通过现实生活事件或情境表演等方式,增加幼儿的同伴交往、互动、移情,引导幼儿设身处地地站在别人的角度考虑问题,学会与人和谐相处。

(上海市徐汇区机关建国幼儿园提供)

幼儿园

同伴交往篇

9. 自我中心要改变

溢溢正在用积木搭城堡，而旁边经过的皓皓看到溢溢搭的城堡也想要搭，二话不说就推倒了溢溢搭建的城堡，抢走了积木。

溢溢一下子尖叫起来："这是我的，还给我。""不，这是我的。"皓皓紧抓积木，就是不给。溢溢着急得哭了起来。教师见了，低声问皓皓："是你拿了溢溢的积木吗？""这是我的，就是不给他。"皓皓把积木紧紧地握在手里。

如果你是教师，应该如何处理这种情况？

 分析问题

案例中，因为皓皓推倒了溢溢搭建的城堡，并抢走了积木，引发了两个幼儿之间的冲突。这个事件产生的原因主要有以下两点：

1. 小班幼儿的年龄特点是以自我为中心；
2. 幼儿以自我为中心的特点也受家庭和独生子女特殊性的影响。

 处理流程

及时发现幼儿之间的矛盾和争执 ⟶ 如有肢体碰撞，应及时制止 ⟶ 了解幼儿发生矛盾的原因和经过 ⟶ 引导幼儿掌握正确的解决方法 ⟶ 事后不断强化同伴之间和谐相处的经验。

方法与策略

1. 教师可以利用各种机会，引导幼儿遇到事情要学会用语言商量解决，平日里可以通过讲故事、讲道理等让幼儿学着一起玩、轮换玩或交换玩。
2. 教师以参与者的身份给幼儿示范如何与同伴交流和沟通，为幼儿提供学习的榜样。让幼儿通过观察教师与同伴的相处模式，知道可以怎样做。
3. 在日常生活中，给幼儿提供锻炼的机会，鼓励幼儿多与同伴交流，尝试一些简单的交流方法和语言。
4. 及时与家长沟通，把幼儿的表现和行为告知家长，争取家长的配合，保持家校教育的一致性。

细节提示

第一,幼儿之间发生矛盾时,教师可以先让幼儿自己尝试解决,不要着急介入;第二,幼儿之间发生肢体碰撞或危险行为时,教师要及时制止。

专家点评

幼儿入园后,主要的社会交往就是同伴交往。良好的同伴交往可以使幼儿改变以自我为中心的观念,有利于促进幼儿社会认知的发展。

教师可以通过沟通、交流、分享与合作等方式,引导和鼓励幼儿与同伴建立和谐关系。同时,教师要做好家庭教育指导,帮助家长正确引导幼儿的同伴交往,为幼儿的同伴交往做出正确的示范。

(上海市黄浦区蓬莱路幼儿园提供)

| 幼儿园 | 中小学 |

同伴交往篇

10. 不给同伴添麻烦

午睡前，小班幼儿分批从教室到盥洗室再到卧室。两位教师分别在盥洗室和教室护理幼儿。

此时，情绪不太稳定的东东已经躺在小床上，相邻床的琳琳脱好鞋、爬上床。但她发现东东的脚搁在自己的床上，琳琳就用手把东东的脚推回他的床上。但是东东马上又把脚伸了过来，琳琳继续推开他的脚，一边推一边发出抗议声。如此反复几次后，琳琳坐起身对着东东的脸就是一抓，东东的脸上顿时出现三条抓痕，其中一条是血痕……东东"哇"的一声哭了起来，琳琳看着东东愣住了……

如果你是教师，应该如何处理这种情况？

分析问题

案例中呈现了两个关键事件：一是东东多次将脚放在琳琳床上，二是琳琳抓花东东的脸。在这个事件中，教师要处理好以下三个问题：

1. 及时处理东东脸上的抓痕；
2. 了解东东和琳琳产生矛盾的原因和经过，分别进行教育；
3. 与双方家长沟通和协商。

处理流程

及时将东东送到保健室治疗 ⟶ 安抚两个幼儿的情绪 ⟶ 了解事件的原因和经过 ⟶ 分别对两个幼儿进行教育 ⟶ 与双方家长沟通和协商 ⟶ 跟踪处理。

方法与策略

1. 立刻将东东送至保健室进行消毒和处理红肿。
2. 安抚东东的情绪，尽快哄他入睡，同时多注意他的情绪。因为分离焦虑已经使他情绪不稳定，又被同伴抓伤，受到惊吓，可能睡觉会哭醒。

3. 由于琳琳是一个有语言交流障碍的特殊儿童，用"抓"来解决矛盾实属情急之下的无奈之举，因此教师并没有当场批评她，而是以拥抱安抚她的情绪，以温柔的言语哄她入睡。

4. 放学前，打电话给双方家长。告知东东家长，午睡前东东和琳琳之间发生的事情，教师是如何处理的，希望得到家长的谅解，并指明东东在事件中总是将脚放在琳琳床上这一行为的不当之处；告知琳琳家长发生的事情，希望琳琳家长能够对东东表示安慰、关心，并能教育琳琳在与同伴有矛盾时，要采取正确的方法解决问题。

 细节提示

第一，注意安抚东东的情绪，做好后续心理疏导；第二，观察琳琳与同伴交往的情况，当她遇到矛盾时，应及时给予帮助和指导；第三，要引导小班幼儿学习正确处理矛盾的方法。

 专家点评

除了安抚东东的情绪外，也应对其进行同伴交往的正确引导，如告诉他每个人都要注意自己的行为不能影响和打扰别人。琳琳的特殊性易使她与同伴之间发生矛盾，教师应给予她更多的关注和引导。

（上海市闵行区虹鹿幼儿园提供）

11. 我也推倒你的积木

晶晶和媛媛来到建构区，各顾各地开始搭积木。

晶晶用塑料积木开始垒高，十分钟后，搭成了一座"高楼"。同时，另一边的媛媛用积木搭了一个"围墙"，她背对着晶晶，后退时，一个踉跄撞到了晶晶，晶晶的"高楼"瞬间倒塌。

晶晶大叫道："你干吗推我？"媛媛听见了，抬起头默不作声。晶晶举起小手，把媛媛推倒在地。媛媛的"围墙"也倒了，她坐在地上哭了起来。

面对这种情况，教师应该怎么处理？

分析问题

案例中，媛媛不小心撞到晶晶，致使晶晶的"高楼"倒塌。于是，媛媛本着"你推倒我的，我也推倒你的"的"原则"，推倒了媛媛和她的积木作品。在这个事件中，教师要处理以下两个问题：

1. 安抚晶晶和媛媛的情绪；
2. 调节两个幼儿之间的矛盾。

处理流程

查看是否有幼儿受伤 ⟶ 询问发生了什么事情 ⟶ 倾听幼儿的诉说 ⟶ 分析冲突产生的原因 ⟶ 指导同伴交往的策略，鼓励幼儿自己解决矛盾 ⟶ 跟踪处理。

方法与策略

1. 首先，教师应第一时间到建构区观察现状，分开正在起冲突的两个幼儿，以免发生进一步的肢体冲突；其次，查看是否有幼儿因冲突而受伤，若有幼儿受伤，应及时送医院就诊。

2. 教师与幼儿沟通，询问发生了什么事情，倾听两个幼儿的诉说。根据以往对幼儿性格和行为的了解以及当前的叙述，分析冲突产生的原因，引导晶晶认识错误,并告诉晶晶解决问题的办法不是用手脚,而是用嘴巴和同伴说清楚。

3. 教师开导媛媛哭不能解决问题,鼓励媛媛大胆说出自己的想法。同时,观察晶晶是否存在类似的情况。

4. 教师及时与家长沟通,家校合作,了解幼儿在家里是否有碰到困难就哭着求助的情况,指导家长引导幼儿不怕困难,培养幼儿主动、积极解决问题的品质。

 细节提示

第一,教师要提高幼儿自身的安全意识;第二,教师要增强幼儿的游戏规则意识;第三,教师要加强安全管理。

 专家点评

在幼儿交往的过程中,除了会表现出合作、协商等亲社会行为外,还不可避免地出现冲突行为,如"你打我一下,我回打你一下""你弄坏我的玩具,我也弄坏你的玩具"等报复行为。

在此类冲突事件中,教师习惯性地进行冲突干预,强行解决矛盾,告诉幼儿谁错了以及谁道歉。殊不知,通过正确方法引导幼儿自己解决同伴冲突,可以提升幼儿问题解决能力和社会交往能力。案例中的教师注意到这一点,值得其他教师学习。

(上海市奉贤区实验幼儿园提供)

幼儿园

同伴交往篇

12. 好心办坏事

即将离园时，教师与幼儿交流分享今天一天的活动情况，安排好明天的值日生，请幼儿们分批去教室外面的书包架前换外套和背书包。

男孩 A 脱下自己的背心放好后，却拿着准备穿的外套甩动手臂，将外套旋转起来。男孩 B 看见这个动作，正准备上前阻止，由于靠得太近，被男孩 A 外套的拉链头打到。男孩 B 哭着找教师告状，告诉教师自己的额头被男孩 A 打中，很疼。当时，教师只听了男孩 B 的告状。

如果你是教师，应该如何处理这种情况？

分析问题

案例中，男孩 B 在阻止同伴穿衣服过程中出现的危险行为时，被误伤。面对这样的冲突事件，教师要处理以下三个问题：

1. 了解事情的原因和经过，安抚男孩 B 的情绪；
2. 对男孩 A 的危险穿衣行为进行正面教育；
3. 引导幼儿形成"遇到危险，先保护自己"的意识。

处理流程

了解伤情，如有必要应及时就医 ➝ 了解事情的原因和经过 ➝ 离园时，请双方家长留下面谈 ➝ 请幼儿讲述自己行为的不妥之处，与家长共同教育幼儿 ➝ 后续开展安全教育。

方法与策略

1. 单独沟通。与男孩 A、男孩 B 以及当时了解事情的幼儿单独沟通，了解事情的原因和经过。

2. 家校沟通。离园时，请双方家长留下面谈。首先，教师描述当时发生的具体情况；其次，请两个幼儿讲述他们的想法。

3. 协商处理。在听完教师和幼儿的描述后，请家长谈谈各自的看法，双

行动中的教育机智

方协商处理。引导家长注重言传身教,将合作、沟通、友好、谦让的意识渗透给幼儿。

4. 安全教育。一是对两个幼儿进行个别安全教育,引导男孩 A 认识自己行为的危险性,引导男孩 B 形成"在阻止不当行为之前,先要考虑如何规避危险"的自我保护意识;二是抓住时机,开展安全教育,组织全班讨论"遇到不当行为时,应该如何保护自己",总结安全策略。

🔍 细节提示

第一,教师可以在事件发生第二天,将事情讲给全班幼儿听,请大家谈一谈自己的看法,如果遇到此类事件,应该怎样处理,引导幼儿自主解决问题;第二,注意疏导男孩 B 的情绪,及时肯定他的正义感,也要劝导他注意保护自我。

🎓 专家点评

此次安全事件的处理过程中,有两处做法值得学习:一是注重事件解决过程中家长的言传身教,这比单纯的说教更管用;二是开展案例学习,幼儿对抽象事件的理解力有限,利用幼儿身边的具体、即时事件,引发幼儿自主思考和解决问题,更能提高幼儿的能力。

(上海市虹口区西街幼儿园提供)

幼儿园
同伴交往篇

13. 遇事先商量

自由活动时，思思与嘉嘉坐在一起各自看图书。思思看到好玩的地方高声大笑，嘉嘉很好奇，也想拿来看一看。思思不高兴地说："我还没看完呢。"

嘉嘉似乎没有理会思思的话，伸手就去抢，思思没有放手的意思。正当教师要介入时，说时迟，那时快，嘉嘉一松手，导致思思的身体一倾斜，撞在了门框上，顿时额头裂开了一道口子，血流不止。

如果你是她们的班主任，遇到类似情况，应该如何有效地解决呢？

分析问题

案例中，教师虽亲眼所见，却未能及时制止"悲剧"的发生。在这个事件中，教师要处理以下三个问题：

1. 如何处理伤口；
2. 如何上报上级领导；
3. 如何与家长沟通。

处理流程

及时将思思送到保健室处理伤口 ⟶ 了解事情的原因和经过 ⟶ 上报上级领导并联系双方家长 ⟶ 跟踪处理。

方法与策略

1. 教师第一时间将受伤幼儿送到保健室，请保健教师对伤口进行消毒和检查，如有必要去医院，马上送到医院相关门诊进行治疗。同时，联系受伤幼儿家长和上级领导，讲述事情的经过，请家长到医院汇合。

2. 联系另一方家长，讲述事情的经过，希望家长能够陪同幼儿一起去看望受伤幼儿，并向受伤幼儿道歉。

3. 教师对受伤幼儿后续的伤口检查和处理进行回访与跟踪，直到幼儿康复来园，同时帮助家长处理保险理赔等相关事宜。

细节提示

第一,教师将此次事件作为安全案例,让全班幼儿了解安全的重要性,加强安全宣传教育;第二,排查教室里所有存在安全隐患的地方,一旦发现,立即联系园方,并配合处理;第三,提高教师在幼儿园一日活动中对幼儿的看护能力,做到眼观八方,时时督促。

 专家点评

首先,教师对伤害事件及时处理的一系列措施非常合理、有序。但在后续幼儿矛盾处理中,主要以教师行动干预为主导,甚至要求教师在安全预防中眼观八方,这是很难做到的。其实,冲突并不完全是消极的、不良的,其中也蕴含了大量的教育价值,能对幼儿的社会性发展起到积极作用。

因此,教师不应急于调节矛盾,而是先引导两个幼儿表达自己的想法,互相倾听对方的感受,彼此共情,并给予足够的时间,让他们自己协商解决问题。可能这会比单纯地告知幼儿"不要打人,友好地解决问题"更有效。如果教师让幼儿自己解决冲突,而不是远离冲突的源头,那么处于冲突中的幼儿更可能学习新的行为。慢慢地,幼儿在社会交往中会看到,除了吵架、斗殴外,还有更机智的处理办法——协商。

(上海市金山区朱泾东风幼儿园提供)

幼儿园
家校互动篇

作为幼儿园教师,最难过的就是"家长关"。幼儿家长往往聚焦于自己的孩子,容易放大每一个细节。有的家长常常显得焦灼、挑剔,对教师、其他幼儿和家长都不够宽容。面对这种情况,教师不同的应对措施、处理流程和语气态度都会产生不同的结果。以下案例可以为教师做好家校互动提供借鉴。

幼儿园

家校互动篇

1. 兴师问罪的家长

某天上午，家长陆陆续续送孩子来幼儿园。只见悦悦爸爸、妈妈和爷爷拿着一件衣服和一个装有痰的杯子，来找老师问罪："老师，昨天你们班上的翔翔把我家悦悦鼻子打出血了！你们是怎么教育孩子的，孩子怎么会如此不文明？这就是我家悦悦的血衣、血痰！"悦悦妈妈在一旁哭着说："我们家悦悦好可怜！今天上午他说喉咙疼，咳出血丝，我把血痰装在瓶子里带来了！"

如果你是教师，遇到这样棘手的事情，应该如何处理？

分析问题

案例中，幼儿家长带着"物证"到幼儿园找教师兴师问罪。在这个事件中，教师要处理以下三个问题：

1. 安抚情绪激动的家长；
2. 了解悦悦被翔翔打的原因和经过；
3. 弄清悦悦出鼻血的原因。

处理流程

安抚幼儿家长的情绪 ⟶ 与园长和搭班教师沟通 ⟶ 立即将悦悦送到医院就诊 ⟶ 调查事件的原因和经过 ⟶ 和双方家长沟通 ⟶ 后期观察和教育。

方法与策略

1. 首先，教师表明自己昨天没有仔细观察幼儿的衣服，深表歉意，稳定家长的情绪；其次，表明自己一定会在第一时间处理好这件事情，以平息家长激动的情绪。

2. 教师和保育员一起回顾昨天放学前悦悦的情况，向悦悦了解事发的时间段，如有监控录像，可以回看一下。结合问话和幼儿平时的习惯等因素，调查并分析整件事情的来龙去脉。

3. 及时向园长反馈家长的投诉，请保健教师与家长一起陪悦悦去医院，检查悦悦鼻子的受伤情况，询问医生幼儿出鼻血的原因。

4. 教师了解事情的经过后，立刻与双方家长沟通，协商道歉及赔偿事宜，消除家长的疑惑和不满。

 细节提示

第一，了解幼儿出鼻血的真正原因，后续根据医嘱做好相关护理，并加强和家长的沟通；第二，放学前，教师要仔细检查幼儿的衣物，如发现问题，应第一时间与家长沟通；第三，教育幼儿遇事后要及时告诉教师。

 专家点评

发生此类事件时，教师和家长都需要将心比心和换位思考。如果教师能设身处地地体会家长心疼孩子的心情，就会理解家长对自己工作的批评和指责只是出于一时激愤，并能心平气和地处理好此事，杜绝此类事件的再次发生。

家长也要理解教师每天负责照顾、教育的不是一个幼儿。想一想家长只照看一个幼儿有时都会手忙脚乱，更何况教师要天天看护、教育那么多的幼儿呢！

所以，即使教师这次工作出现了疏漏，家长很生气，但是在与教师交流此事时，仍须保持冷静，就事论事，不可随意否定教师的工作。如果家长到园后能先认可教师的工作，对教师的辛勤教育加以肯定，然后再心平气和地提出此事，相信教师一定会认为她以前对幼儿的关心、爱护没有付之东流，也会对自己的疏忽深感歉疚，会尽自己最大的努力解决此事。并且，在今后的工作中，教师也会更加耐心、细心和精益求精。

（上海市黄浦区瑞金一路幼儿园提供）

幼儿园

家校互动篇

2. 小晨外婆吓坏小贾

小贾和小晨是小班幼儿，平时自由活动时经常在一起玩。某天早上，小晨外婆来到教室，直奔幼儿们放玩具的地方，找到小贾的书包，从里面拿出一个奥特曼玩具。她拿着玩具对小贾很凶地说："这是我家小晨的玩具，以后不许你抢他的玩具！"小贾被小晨外婆的样子吓坏了，轻轻地说了一句："这个奥特曼是我的。"然后，就哭了起来。

如果你是教师，应该如何处理这种情况？

分析问题

案例中，小晨外婆直冲教室斥责小贾抢了小晨的玩具，小贾被吓哭。在这个事件中，教师要处理以下三个问题：

1. 安抚小贾的情绪；
2. 了解事情发生的前因后果；
3. 与双方家长沟通。

处理流程

及时制止小晨外婆的行为，立即安抚小贾的情绪 ⟶ 分别询问小贾、小晨和小晨外婆，了解事情的前因后果 ⟶ 解决两个幼儿的玩具风波 ⟶ 与双方家长沟通，争取双方家长的谅解。

方法与策略

1. 教师要及时制止小晨外婆的行为，请她先离开教室，并拥抱和安慰小贾，平复他的情绪。

2. 在小贾情绪稳定之后，分别询问小晨外婆和两个幼儿，了解事情的前因后果。如果能分清玩具到底是谁的，就将玩具归还；如果短时间里不能区分的，可以和幼儿约定，暂时交由教师保管。

3. 联系双方家长，请他们分别在家里寻找是否有相同的玩具，尽量协商解决此事。

细节提示

第一,在联系小贾家长的过程中,要少描述现场情况,以免引起家长之间更大的不满;第二,将小晨外婆的言行客观地反馈给小晨父母,告知他们小晨外婆言行的不妥之处以及可能产生的影响,请小晨父母配合处理。

 专家点评

比玩具归属权更严重的问题是小晨外婆的言行对小贾造成的伤害,使事件的性质从幼儿之间的纠纷变成成人对幼儿的伤害。所以,教师处理此事的重心应更多地放在后者上。教师也许无法立即和正在气头上的小晨外婆分析原因以及可能造成的影响,但是可以借助父母这个中间桥梁来解决问题。教师的分析、解说会影响小晨父母的态度,小晨父母的态度和教师重视的程度会影响小贾父母是否接受家长和教师的歉意,应尽量平息事件而不是升级矛盾。

(上海市浦东新区浦南幼儿园提供)

幼儿园　　　　　　　　　　　　　　　　　　　中小学

家校互动篇

3. 新教师的第一次家访

暑假的一天，小张和搭班老教师开始了第一次家访。一踏进第一个孩子的家中，家长就用怀疑的眼光看着小张，小张紧张得不知所措。接下来，在老教师和家长互动时，小张在一旁不停地点头。老教师问："小张老师，你还有什么要说的？"小张脑子一片空白，答不上话。

如果你是新教师，应该如何应对第一次家访？

 分析问题

案例中，作为新教师的小张在第一次家访时，紧张得不知所措，脑子一片空白。造成这一问题的原因主要有以下两点：

1. 作为新教师，小张由于缺乏经验，面对家长的质疑，紧张且不够自信；
2. 家访前，小张的准备工作做得不充分，如对家访注意事项了解不充分，对家访内容没有作好规划等。

 处理流程

电话预约，初步了解 ⟶ 师徒沟通，做好家访"攻略" ⟶ 实地家访，对话了解 ⟶ 汇总信息，积累经验。

方法与策略

1. 打电话预约家访时间。
2. 提前请教老教师，学习如何从幼儿的日常生活、健康状况等基本问题入手展开家访。
3. 家访时，做好问答或记录家访的分工工作。
4. 家访时，面对家长，保持微笑，神情自若，注意自己的坐姿，保持良好的教师形象；记录老教师与家长的对话，尝试有礼貌地询问家长关于幼儿的其他情况，适时与幼儿进行互动。
5. 家访结束时，主动做好信息汇总工作。

细节提示

第一,注意教师的仪容仪表,进门前主动与幼儿和家长打招呼;第二,避免使用专用术语,尽量用生活化的语言与家长交流;第三,与家长交流时,不要谈论别的幼儿,也不要随意与别的幼儿进行比较。

 专家点评

在幼儿的生活与成长环境中,教师与家长和幼儿面对面地促膝交谈,可以更快地拉近师生之间的距离,也可以更全面地了解幼儿的实际情况,这是实地家访独具的优势。新教师在家访前只要树立信心、制订计划以及做足"功课",就一定能收获满满!

(上海市静安区南阳实验幼儿园提供)

4. 贵重物品不带入园

放学后，瑶瑶奶奶领着瑶瑶又回到班级，问："老师，你有没有看见瑶瑶的眼镜？她的眼镜不见了。"于是，老师在教室和午睡室都找了一圈，也没找到。

老师便问瑶瑶奶奶："瑶瑶早上来幼儿园戴眼镜了吗？会不会落在家里呢？"由于瑶瑶早上来得晚，进教室就和同伴去玩了，老师没有留意她今天是否戴了眼镜。

"我早上送她来的时候戴了呀。"奶奶很着急，因为这是家长给瑶瑶配的第二副眼镜了，花了好几千块。

如果你是这位教师，应该如何处理这种情况？

分析问题

案例中，瑶瑶丢失了贵重眼镜，奶奶找上幼儿园。在这个事件中，教师要解决以下三个问题：

1. 弄清楚瑶瑶早上来园时是否戴眼镜；
2. 如果眼镜是在幼儿园弄丢的，应及时帮助寻找眼镜；
3. 探讨瑶瑶弄丢眼镜背后存在的行为习惯问题。

处理流程

安抚家长的情绪 ⟶ 回看幼儿园的监控录像 ⟶ 确认眼镜是否在幼儿园丢失的，询问园内师生是否看见，尽力寻找眼镜 ⟶ 找到眼镜后及时还给失主，并与家长沟通 ⟶ 培养幼儿自主整理物品的习惯。

方法与策略

1. 安抚家长的情绪，分头寻找眼镜。先安抚瑶瑶奶奶不要着急，再通过回看监控录像，确认瑶瑶早上是否戴了眼镜。如果眼镜是在幼儿园丢失的，教师应负责将眼镜找到。

2. 询问其他教师是否捡到眼镜，如果捡到或者看到，请相互告知，并在幼儿活动范围的角角落落再次仔细寻找。

3. 找到眼镜后应尽快交给家长，提醒幼儿下次要当心，不要随意摘放眼镜。

4. 以此为契机，开展整理物品大赛、给自己的物品贴标签等活动，提高幼儿自主管理物品的意识，跟"丢三落四"说再见。

细节提示

第一，在日常活动中，教师要多关注幼儿是否戴了眼镜或贵重饰品，如果游戏、运动等活动中摘下，活动结束时应提醒他们戴好，放学时应检查幼儿的物品是否遗漏；第二，教师要关注幼儿是否随身携带贵重物品，提醒家长不要让幼儿将贵重物品带到幼儿园，以免丢失。

专家点评

为了避免造成不必要的损失和纠纷，家长最好不要让幼儿将贵重物品带到幼儿园。如果是学习必需品，如眼镜、文具盒等，教师要提醒幼儿重视对自己物品的保管。在日常学习活动中，教师要培养幼儿自主整理、管理物品的习惯。同时告诫家长，一旦幼儿丢失物品，不要急于寻找或马上买新的，要让幼儿适度承担丢失东西的后果，以此教育幼儿珍惜自己的物品，提高幼儿的物品自主管理意识。

（上海市奉贤区江海幼儿园提供）

5. 共同培育自理能力

午睡时间，幼儿陆续地脱衣服。只见他们拿着自己的衣服，有的摸摸衣服上的动物图案，有的把衣服团成一团，塞在床底下，有的一个劲地叫"老师，我不会叠，你来帮帮我呀"，还有的干脆一动不动地坐在床上等着老师……

看着幼儿无奈的样子，教师心想：首先，要让幼儿自己尝试探索叠衣服的方法，鼓励幼儿自己先折折看；其次，用儿歌的形式帮助他们学习叠衣服的方法。

那么，什么样的儿歌才能吸引小班幼儿呢？于是，幼儿午睡时，教师在脑海里酝酿了这样一首儿歌：弯弯弯，弯左手，弯弯弯，弯右手，点点头呀弯弯腰，咕噜咕噜变枕头。

如果你是教师，应该如何处理这种情况？

分析问题

案例中呈现了：午睡期间，部分幼儿不能自主、有序地叠衣服。这个问题反映的是幼儿自我服务意识和生活自理能力的培养还不到位。

处理流程

午睡前，开展自然、随意的叠衣服教育 其他活动中，随机引导幼儿自己叠衣服 ⟶ 与家长沟通，保持家校共育的一致性和有效性。

方法与策略

1. 借助儿歌、游戏等开展叠衣服技巧指导。对于小班幼儿，生动、形象、有趣的儿歌和图片更容易被接受，借助儿歌和图片，指导幼儿掌握叠衣服的技巧。

2. 借助午睡契机，开展幼儿叠衣服活动，加强实践指导，帮助幼儿体验成功的乐趣。

3. 探索不同的叠衣服的方法，激发幼儿叠衣服的兴趣。在积累叠套衫经验的基础上，刺激不同发展水平幼儿的新的探索需求，如让幼儿探索叠开衫、叠带有帽子的衣服、叠厚外套、叠背带裤等。

 细节提示

　　学习叠衣服不是一次简单的活动,更不是幼儿教育的目的所在。开展幼儿自己动手叠衣服的活动,给幼儿提供积累生活经验的机会,并让幼儿在积极探索的过程中,充分认识自己的能力。

 专家点评

　　现今,有些家庭过度重视幼儿早期智力的开发,忽视非智力因素的培养,尤其忽视培养幼儿的生活自理能力。家长在生活中一味地迁就幼儿和保护幼儿,必然导致幼儿发展的片面性。因此,教师指导幼儿学会生活很有必要。但是,只有注重家校合作和同步参与,才能保持教育的一致性和有效性。

（上海市奉贤区江海幼儿园提供）

6. 两位家长的争吵

一天早上，幼儿陆续告别家长入园了。豆豆爸爸一直等在幼儿园门口没有离去。不一会儿，壮壮爸爸送孩子过来了。豆豆爸爸走上前说："壮壮爸爸，请你管一管壮壮，以后不要再欺负人了。我家豆豆一直被他欺负，这可不行。"壮壮爸爸说："男孩子之间打打闹闹多正常啊，何必这么斤斤计较！""这是什么话，欺负人还有道理了。你家孩子再动手，别怪我不客气了！""你不客气试试！"两位爸爸都在气头上，快要打起来了。

如果你是教师，应该怎么做？

分析问题

案例中，豆豆爸爸因为豆豆在幼儿园被欺负而找壮壮爸爸理论，并发生了争执。造成这一问题的原因主要有以下两点：

1. 大部分幼儿都是独生子女，平时都是娇生惯养；
2. 幼儿的自控力和社会交往能力较差，很难控制情绪。

处理流程

请双方家长到会议室进行沟通 ⟶ 上报上级领导，并请领导到场主持 ⟶ 共同做家长的思想工作。

方法与策略

1. 及时劝双方家长停止争吵，安抚双方家长的情绪。
2. 将双方家长安排在安静空间，教师与上级领导一起了解情况，同时请保育员协助安置幼儿。
3. 引导家长协商解决幼儿的纠纷。如果幼儿之间发生小的纠纷，如推搡等，不要急于干涉，要给幼儿自己解决问题的机会。如果发现纠纷升级，成人再介入，及时指导幼儿。
4. 后续开展家庭教育指导。作为家长，应该给幼儿提供正确的引导，让幼儿学会与同伴友好相处,并向对方表示真诚的歉意。家长也不要急于替自己的孩子出头,要教他们学会面对挫折,学会正确、有效地处理这类事情。

 细节提示

第一,在班级中开展同伴友爱教育;第二,关注两个幼儿平时的相处,尽量避免矛盾;第三,继续留意两位家长的态度,做壮壮家长的思想工作,能主动和豆豆家长打招呼,化解心中的矛盾。

 专家点评

首先,教师要让家长明白:家长是幼儿的第一任老师,家长的言行举止会被幼儿模仿,会潜移默化地影响幼儿;其次,还要让家长认识到幼儿园教育不能代替家庭教育,教师和家长在育儿方面既有共同的目标,又有不同的任务;最后,要向家长宣传家校合作,共同培养幼儿的人际交往能力。

(上海市崇明区实验幼儿园提供)

幼儿园

家校互动篇

7. 发火不解决问题

王老师刚回家就接到萱萱爸爸的电话："你们老师怎么回事？我们把孩子送到幼儿园的时候好好的，回家后发现孩子的胳膊被人咬了一口！你们到底有没有尽到看护的职责？太不负责任了！"说完就挂断了电话。

王老师很纳闷：今天自己带班的时候，萱萱没和其他幼儿发生争执啊，这到底是怎么回事呢？

如果你是王老师，应该怎么办？

分析问题

案例中，萱萱在幼儿园被人咬伤了，王老师却不知情，并受到家长的质问。在这一事件中，教师要解决以下三个问题：

1. 萱萱是在什么时候、被谁咬了一口，被咬的原因是什么；
2. 如何争取萱萱家长的理解；
3. 如何化解萱萱与咬萱萱幼儿之间矛盾。

处理流程

了解真相 ⟶ 争取谅解 ⟶ 沟通解决 ⟶ 安全教育。

方法与策略

1. 立即给搭班教师打电话，了解萱萱在什么时候、和哪位幼儿发生了冲突，原因是什么，搭班教师当时有没有采取措施，有没有带萱萱去过保健室，结果如何等。

2. 与萱萱家长电话沟通，首先表达自己看护不周的歉意，然后解释事件的经过，争取家长的谅解，并表示第二天一到幼儿园就会解决这个问题。

3. 与另一位幼儿的家长电话沟通，说明事件的经过，建议这位家长第二天早点来园，与萱萱家长当面说清事件的原委，争取得到萱萱家长的谅解。

4. 第二天将两个幼儿和家长叫到一起，相互沟通，说明事件的经过，并当着双方家长的面对幼儿进行安全教育，争取双方家长的理解与支持。

5. 后续要与萱萱家长多沟通，让家长了解幼儿在幼儿园的情况，特别告知家长保健教师每日是如何处理萱萱伤口的。

 细节提示

对全体幼儿开展安全教育，引导幼儿懂得：遇到伤害时，要第一时间告诉教师；同伴相处要友爱，遇事不能冲动，不能伤害小伙伴。

 专家点评

幼儿的安全问题是家校教育的重中之重。保证幼儿的安全，并不意味着教师要大包大揽，时刻防守，避免幼儿受到一点伤害，而是要增强幼儿的安全意识，培养良好的行为习惯，从源头规避不必要的伤害。遇到矛盾时，不能伤害小伙伴；同伴交往时，不能争抢玩具；吃饭时，不打闹嬉笑，以免食物进入气管。此外，教师还应尽快与幼儿建立亲密关系，取得幼儿的信任。这样，当幼儿遇到不能解决的问题或受到伤害时，才会主动向教师寻求帮助。

（上海市松江区教育学院提供）

幼儿园

家校互动篇

8. 设施设备常检查

建构室里，幼儿都在搭建积木。突然，小赵喊疼，于是老师走了过去，问道："哪里疼呀！"小赵指着自己的食指说道："这里。"老师顺势看去，食指没有出血，也无异常，说："没事，是不是刚刚被积木敲到了啊？"小赵有些懵懂地摇摇头说："没有敲到呀！""没事，过一会就不疼了，你玩吧！"于是，小赵在老师的安慰声中接着搭积木了。

但是到了傍晚，小赵妈妈打电话来质问老师："今天孩子在幼儿园，手上扎了根刺，你怎么不知道？现在孩子的手指都化脓了。"

面对家长的质问，如果你是教师，应该怎么做？

分析问题

案例中，小赵在搭积木的过程中食指扎了根刺，由于教师失察，导致小赵手指化脓，引发家校矛盾。在这个事件中，教师的做法有两个不当之处：

1. 对于幼儿不明显的受伤，没有仔细检查和及时送诊，导致幼儿的伤口恶化；

2. 离园时，没有及时与家长沟通园内发生的意外事件，引发幼儿家长的质疑与不信任。

处理流程

及时道歉，主动承担责任，取得家长的谅解 → 了解病情，沟通解决 → 及时上报，开展积木的安全检查 → 后续关心，跟进安全教育。

方法与策略

1. 向家长说清楚幼儿当时的情况，并对自己的疏忽表示歉意。

2. 电话中，了解幼儿的病情。如果需要到医院就诊，应跟随家长一起；如果家长已经带幼儿去医院就诊了，教师也应上门家访，并商讨医药费等补偿问题。

3. 对受伤幼儿持续关心与照顾，直至其痊愈。如果幼儿第二天来园了，应了解他的洗手情况，关注幼儿受伤的手不能碰水，关注幼儿在活动和游戏中不能再受伤。离园时，主动和家长交流幼儿在幼儿园的情况，让家长感受到教师对幼儿的关心和爱护。

 细节提示

幼儿在园内受到意外伤害且教师跟进不到位时，教师一定不能推脱责任，要主动道歉，及时了解幼儿的病情，主动争取家长的谅解。

 专家点评

幼儿园管理中，幼儿安全是第一位。首先，幼儿园应定时对园内的设施及器械进行检修和维护，确保幼儿的安全；其次，教师在幼儿活动过程中要关注安全细节，遇到不确定伤害事件时，不能主观臆断，要及时送诊，寻求专业人员的支持；然后，加强幼儿安全教育，强化幼儿的自我保护意识，如破损、有尖角的玩具不能玩，并主动报告教师；最后，幼儿安全教育中，离不开家长的支持。发生意外事件时，事无巨细，教师都应及时与家长保持沟通。

（上海市松江区荣乐幼儿园提供）

9. 家园共育好品德

午睡起床后，老师在给女生梳辫子，其他幼儿有的在整理外套，有的三三两两坐在一起聊天交谈。

忽然，有个幼儿跑来告诉老师："老师，老师，大宝和小强吵起来了。"老师赶快走过去，还没等老师发问，大宝就急着说："老师，老师，小强是小偷！我看见他口袋里有幼儿园的积木。"大宝一边说一边拽着小强的口袋，试图让老师看。"我不是小偷，我不是小偷，我就是想玩一玩。""就是小偷。""我不是，就不是……"

如果你是教师，应该如何处理这种情况？

 分析问题

案例中，小强因为偷拿幼儿园的积木被大宝发现，因而产生争吵。其中存在三个关键事件：

1. 小强未经教师同意私拿幼儿园的积木；
2. 小强私拿积木行为被大宝发现，大宝激愤动手，并指责同伴；
3. 小强拒绝承认自己是"小偷"。

 处理流程

与小强沟通，了解幼儿行为背后的原因，并给予正确的引导 ⟶ 告知大宝和其他幼儿要正确对待同伴的这种行为 ⟶ 与小强家长沟通，家校共育。

方法与策略

1. 单独与小强交流，询问其把积木放入口袋的原因，并给予正确的引导，让其明白没有经过别人的同意而拿别人的东西是不对的，所以应该主动归还物品。

2. 与大宝交流，表扬他富有正义感，能指出同伴的错误行为，并跟大宝协商，在小强归还物品后，原谅对方，握手言和。

3. 开展集体情境讨论,如想玩同伴的玩具怎么办等。在集体讨论和情境扮演中,教师引导幼儿礼貌用语,在征得同伴同意后,才能借玩具。

4. 与小强家长联系,引导家长用正确的心态和方法处理这件事情。

细节提示

第一,对幼儿进行教育后,教师应与失主沟通,使双方的态度保持一致;第二,幼儿把东西还给失主时,失主应原谅幼儿的过失,让他体会到知错能改还是好孩子,避免幼儿受到二次伤害。

专家点评

幼儿时期是人生的奠基时期。这一时期,幼儿除了在身体、智力上迅速发展外,性格、品德、习惯等也逐渐形成,是开展教育的黄金时期。对待幼儿的"偷窃"行为,家长和教师都不要轻易给幼儿贴标签。通过沟通与纠正、信任与宽容,既要帮助幼儿认识错误,也要保护幼儿的自尊心。同时,家校一定要通力合作、同步教育,帮助幼儿逐步建立正确的是非观。

(上海市崇明区莺莺艺术幼儿园提供)

幼儿园

家校互动篇

10. 有话可以好好问

某天早上,小班幼儿来园时,一一奶奶走到老师面前说:"老师,一一回家说,班上的牛牛对她吐口水,而且吐了好几次。"

老师听了奶奶的反映后,对奶奶说:"这事情我会去了解一下,下午放学时再和你详细说明。"

老师把一一带进教室,刚想问她事情的经过,就看见一一奶奶冲进教室,对牛牛说:"你是不是对一一吐口水了,你不能这么做。"牛牛被一一奶奶问得不知所措。

如果你是教师,应该如何处理这种情况?

分析问题

案例中,一一奶奶不等教师弄清事情的经过就冲进教室指责牛牛,牛牛被问得不知所措。在这个事件中,教师要处理以下两个问题:

1. 牛牛对一一吐口水是否属实;
2. 一一奶奶的做法有些不妥,如何与家长做好沟通工作。

处理流程

先将一一奶奶带出教室,与她沟通,明确其做法不妥,并请她相信教师会妥善处理 ⟶ 向其他幼儿了解事情的经过,确认牛牛对一一吐口水是否属实 ⟶ 与一一父母沟通,告知事情的经过,并取得一一父母的支持,共同做好奶奶的沟通工作。

方法与策略

1. 及时与一一奶奶沟通,从小班幼儿的身心健康和特点出发,告知奶奶她的做法有些不妥,非但不能解决问题,还会使牛牛的心理受到伤害。同时,取得一一奶奶的信任,表明教师一定会了解情况,并妥善处理。

2. 与两个幼儿沟通,了解事情的经过,同时观察幼儿的一日生活,从中分析这一事件。由于小班幼儿在表述上可能会出现词不达意的情况,幼儿的描述和成人的理解会有出入。因此,教师要在沟通和观察的基础上,了解冲突的原因。

3. 迅速联系——父母。奶奶在此次事件中的表现有些主观、激动,沟通中无法客观陈述事件,而父母作为幼儿的第一责任人,应该及时介入这一事件。

 细节提示

第一,要做好家长的沟通和支持工作,不能让幼儿的无意行为引起家长的矛盾;第二,开展安全教育和卫生教育;第三,帮助家长了解小班幼儿与同伴交往的特点,引导家长做好合理与同伴交往的家庭教育。

 专家点评

做好家长的沟通工作很重要。首先,教师应让家长明白,家长是幼儿的行动导师,家长的一言一行都在潜移默化地影响幼儿,是幼儿模仿的对象。因此家长要以身作则,遇事先沟通,理智处理情况,发生矛盾不辱骂、不动手、不伤害他人,尤其是幼儿。其次,幼儿教育是家校共同的责任,家长也要承担幼儿教育的重任。

(上海市普陀区实验幼儿园提供)

幼儿园

家校互动篇

11. 小涵爷爷的威胁

开学一个月了,小涵已经被同桌辰辰弄哭了好几回。某天放学时,小涵家长发现她的额头上有记号笔的划痕。小涵说:"是辰辰画的。"第二天,小涵爷爷就找辰辰质问,辰辰说不是他画的。爷爷说:"你老欺负小涵,还撒谎,我叫警察抓你!"辰辰爸爸听到后就责怪小涵爷爷威胁孩子,双方争执不下。

如果你是教师,应该如何处理这种情况?

 分析问题

案例中,小涵爷爷质问辰辰是否经常欺负小涵,并与辰辰爸爸发生争执。在这个事件中,教师要处理以下三个问题:

1. 调节双方家长的矛盾;
2. 弄清辰辰用记号笔在小涵额头上划痕是否属实;
3. 与双方家长沟通。

 处理流程

将双方家长带离现场 ⟶ 了解事情的原委 ⟶ 商量解决方法 ⟶ 后续跟踪回访。

方法与策略

1. 劝解双方家长暂停争执,以免吓到幼儿,并将家长带到闲置的会议室等独立空间。

2. 首先,教师请双方家长调整情绪,待双方情绪稳定后,再请双方家长分别述说事情的原委以及自己为什么这么做,引导换位思考;然后,教师从小班幼儿的年龄特点和交往方式向家长解读幼儿产生攻击性行为的原因。

3. 教师从专业角度向双方家长提出教育建议,如引导辰辰学会用"朋友喜欢的方法"与人交往,引导小涵尝试和辰辰做好朋友等。双方家长相互理解,握手言和,共同为幼儿的健康快乐成长而携手合作,如组成"家庭合作小组",

与幼儿一起游戏、运动等,让幼儿真正学会交往。

4. 后续回访,家校随机沟通,发现问题,及时交流。

 细节提示

第一,幼儿爷爷威胁行为的背后折射出家长行为的不当之处,教师应引导家长以身作则;第二,后续的及时关注和引导非常重要。

 专家点评

案例中,我们能清楚地看到是谁教会幼儿威胁和撒谎,是家长。因此,家长应该以身作则,管理好自己的言行,做好幼儿成长的第一任教师。此外,作为教师,要做好家庭教育指导工作,帮助家长了解幼儿的交往特点,做好幼儿交往家庭教育指导,避免类似误解和矛盾冲突的再次发生。

(上海市金山区实验幼儿园提供)

12. 见面主动问个好

彦彦是班级里年龄偏小的男生，常常自言自语，很少与同伴说话，老师与同伴很少能听懂他的话。

开学初，他每天来园总是哭哭啼啼，但也渐渐适应了幼儿园生活，情绪也稳定了。可是，每天在爷爷护送下进教室的他总不吱声，教师总是热情接待，并礼貌地打招呼"彦彦早"，幼儿的目光却不聚焦老师。爷爷只是在一旁笑呵呵，也不回应打招呼的老师。一天两天过去了，两周过去了，幼儿始终不与老师打招呼。

如果你是教师，遇到这种情况，应该如何处理？

 分析问题

案例中，面对彦彦不打招呼、不回应的行为，爷爷选择漠视和允许，并做出同样的行为。造成这一问题的原因主要有以下两点：

1. 家长溺爱，纵容彦彦的不礼貌行为；
2. 家长的行为影响了幼儿的行为。

 处理流程

向幼儿家长反馈情况，弄清彦彦行为背后的真实原因 ⟶ 做好家长工作，指导家庭教育 ⟶ 开展礼貌教育 ⟶ 跟踪观察与家长反馈。

方法与策略

1. 将幼儿来园的情况详细地与第一监护人进行沟通，请他们协助做好爷爷的沟通工作。
2. 与爷爷沟通，做好爷爷的思想工作，也要让爷爷学会尊敬老师，学会主动与老师打招呼，给幼儿作表率。
3. 请幼儿模仿爷爷与老师打招呼，幼儿会做后，要及时肯定，并给予表扬。
4. 开展礼貌交往教育，传授幼儿常见场合的礼貌用语和行为。

5. 密切关注，及时跟拍礼貌交往片段，并反馈给家长。

 细节提示

第一，教幼儿说简短的礼貌用语，如"早上好、再见、老师好"等，使幼儿懂得教师和家长都很喜欢懂礼貌的小朋友；第二，做好爷爷的思想工作，每天来园请爷爷主动与老师打招呼，给幼儿作表率；第三，在家庭中，也要讲礼貌，放学回家或父母下班回家时，幼儿应主动打招呼。

 专家点评

文明礼貌是幼儿品德教育中的一项重要内容。幼儿有很强的模仿能力，尤其喜欢模仿家长和教师。因此，在幼儿品德教育中，家长和教师应发挥榜样示范作用，积极地引导幼儿，家校共育幼儿讲文明、懂礼貌的好品质。

（上海市静安区南西幼儿园提供）

幼儿园
保教实践篇

幼儿的学习有其独特的一面：一会儿是神奇的想象力，一会儿是稚嫩的行动力；一会儿是好奇地追问，一会儿是信马由缰，回归自己的频道。面对这样一群有意思的幼儿，教师应该使出怎样的"绝招"，带领他们探索世界呢？

幼儿园

保教实践篇

1. 问题的设计须钻研

小班教学活动中,老师跟幼儿讲《猴子捞月亮》的绘本故事。老师指着图片中的小猴子们从树上一个接一个拉着同伴的尾巴朝向水面的图画说:"小猴子们拉着小伙伴的尾巴,要干什么呢?"此时,一个幼儿说:"他们在闻臭屁。"幼儿们哄堂大笑。另一个幼儿说:"他们要玩荡秋千。"

幼儿的关注点与教师的教学问题不在一个维度上,教学活动出现了停顿。请分析该情境。

分析问题

案例中,幼儿的回答与教师的提问"风马牛不相及",正常的教学被迫中断。出现这一问题的原因主要有以下三点:

1. 幼儿记忆范围小且保持时间短,难以完整地理解教师的提问;
2. 幼儿语言理解的正确性不高,难以把握问题的关键信息;
3. 幼儿喜欢模仿,容易人云亦云。

处理流程

梳理幼儿出现无关回答的原因 ⟶ 根据幼儿的记忆和语言发展特点,针对性地设计课堂提问 ⟶ 选择有效提问的策略,引导幼儿倾听和理解核心问题。

方法与策略

1. 根据幼儿的特点,设计有效的课堂提问。第一,提问语言要结合情境,要符合幼儿的理解能力。如上述的提问,教师可以分为几个过程,帮助幼儿仔细阅读和理解画面。第二,设计的问题要灵活、有趣、简短,抓住关键问题进行有效提问,既能启发幼儿思考,又能直接聚焦问题,如把"小猴子拉着小伙伴的尾巴,要干什么呢"这类宽泛的问题转变为"想一想,小猴子们都在看什么地方?小猴子们抓着尾巴后,是不是离水面更近了"。

2. 结合语言和动作，吸引幼儿的注意和倾听。教师说话时应注意语气、语调，通过轻重音变化、动作变化等帮助幼儿把握提问的关键信息，如在这个提问中，"看什么地方"和"更近了"是关键词，教师提问时可适当地加重语气，引起幼儿的关注和思考。

3. 教师有效应答，帮助幼儿回归问题本身。当幼儿不正确或不完整地回答时，教师可以用诱导追问，帮助幼儿回归问题，启发幼儿思考。

 细节提示

第一，教师应针对幼儿的具体情况对课堂提问作出有效规划；第二，关注幼儿语言发展特点和倾听能力的培养；第三，关注课堂应答，通过有效追问帮助幼儿回归问题本身。

 专家点评

　　幼儿年龄小，缺乏自觉性，注意力容易分散，难以把握教师提问的关键。一方面，教师要提前钻研课堂提问，教学活动中问题的设计要基于幼儿的生活经验，要能激发幼儿倾听的愿望，要富有情趣和具有明确的指向；另一方面，教师要在日常学习活动中，通过辨别不同的角色语言、语调变化、内容理解等培养幼儿的倾听能力和习惯。

（上海市黄浦区瑞金一路幼儿园提供）

2. 活动前的充分预设

小班幼儿正在听老师讲《一粒甜甜糖果》的故事，老师边讲边出示图片，突然，吸铁石掉了下来。坐在第一排的幼儿争先恐后去捡。第二排的丁丁举手说："老师，我要小便。"后排靠近柜子的幼儿转身去玩柜子上的游戏材料……

幼儿们重回位置后，故事继续。讲到"青青给小朋友发糖"的时候，老师拿出了糖果，问："谁愿意学学青青说的话？可以吃糖哦！"臻臻看着糖果说："我不要菠萝味的，我要草莓味的。"灏灏摇摇头说："我不会剥糖纸！"乐乐哭着说："我妈妈说吃糖会长蛀牙，我不能吃糖！"

面对这种教育情境，教师应该怎么做？

分析问题

案例中，出现了两次教学中断，幼儿的注意力游离了教师的教学要求。第一次，由于教具演示不当导致教学中断；第二次，由于教具呈现的时机、呈现的方式不恰当导致教学中断。造成这一事件的原因有以下两点：

1. 小班幼儿集中注意的时间较短；
2. 小班幼儿易受外界环境干扰，糖果对幼儿的刺激和吸引远远超过教师提问的刺激。

处理流程

调整教具，改变提问策略 ⟶ 吸引幼儿的注意，带入故事情境 ⟶ 鼓励角色扮演，完成教学要求 ⟶ 加强反思，积累吸引幼儿注意力的专业经验。

方法与策略

1. 调整并优化教具，包括教具呈现的时机、呈现的方式（先提问后呈现糖果或奖品装入神秘摸袋后再呈现）等。
2. 运用榜样激励，特别夸奖那些留在位置上的幼儿，吸引其他幼儿迅速归位。

3. 改变提问策略，如"猜一猜，青青会把甜甜的糖果发给谁""选一选，哪个幼儿最先得到青青的礼物""问一问，青青，你会把糖果分给谁"等提问，吸引幼儿的注意力。

4. 鼓励扮演角色，通过扮演故事里的人物，学说简单的角色语言，抽取神秘奖品，体验快乐。

5. 加强活动反思，掌握吸引幼儿注意力的方法和策略。

细节提示

第一，课前做好充分预设，尽量排除与课堂无关的益智性玩具和教具；第二，根据本班幼儿的特点，归纳并总结维持幼儿注意力的小策略；第三，日常学习活动中，关注幼儿注意力和课堂规则意识的培养。

专家点评

幼儿注意力的集中程度对教学效率有较大的影响，但幼儿的注意力往往容易分散。因此，教师要根据幼儿的年龄特点，对活动进行充分的预设，尽量排除可能会分散幼儿注意力的因素。同时，教师要总结与反思幼儿注意力的培养策略，不断积累教育智慧。

（上海市虹口区实验幼儿园提供）

3. 教会他正常大小便

开学已经几个星期了，小宏每天不是把小便弄到身上，就是把大便弄到身上。午睡时，他总是在床上翻来覆去睡不着。教师问他有没有小便，他说没有。但是，等教师去摸的时候，发现他的床单、被子、衣服都湿掉了。教师帮他换衣裤，他还会笑嘻嘻地看着教师。

有一天，午睡时，教师看到有一团东西从小宏的床上飞了出来，掉在地上。仔细一看，原来他把一团大便扔到地上。教师问："你拉大便为什么不和老师说呢？"他还是笑嘻嘻地不回答。第二天，他又把大便弄到身上了。保育员请他再去马桶上坐一会，谁知去看他时，他又在那里玩大便……

如果你是教师，应该如何处理这个问题？

分析问题

案例中，小宏存在大小便不会自理以及玩大便的问题。在这一事件中，教师要处理以下两个问题：

1. 及时与家长沟通，了解小宏大小便不愿意叫人的原因以及他在家中大小便的情况；
2. 弄清小宏每次把大小便弄到身上的原因。

处理流程

进行家访，了解小宏在家中大小便的情况 ⟶ 与小宏面对面交流，了解小宏大小便不会自理以及玩大便的原因 ⟶ 结合生动的故事，教会幼儿正常大小便。

方法与策略

1. 进行家访，了解幼儿在家如厕的情况。究竟是因为排便时间不固定，还是因为尿布用的时间过长，还是因为有心理阴影。
2. 分析幼儿每次把大便弄到身上很开心的原因，如是不是希望获得教师更多的关爱等。

3. 利用教育活动，如主题活动"我会大小便"，对上厕所的各个环节进行细分，提供具体指导，帮助男生和女生了解大小便的方法。

4. 编制一本如厕情况家园联系手册，每日家长和教师共同记录幼儿在园、在家的大小便情况，找出规律，帮助幼儿养成定时大便的习惯和健康的如厕习惯。

5. 在幼儿园和家庭生活中，都要多鼓励幼儿，肯定幼儿的进步，引导幼儿循序渐进地改掉不良行为习惯，同时增加幼儿的自信心，促进幼儿身心健康发展。

 细节提示

第一，在提供充足实践指导的基础上，教师要给予幼儿充分的信任，多鼓励少指责，多指导少抱怨；第二，教师要关注幼儿如厕习惯的养成，培养幼儿定时、正确的如厕习惯。

 专家点评

幼儿时期是幼儿养成各种行为习惯的重要时期。如厕是幼儿在幼儿园活动中学会生活自理的一个重要部分。在幼儿如厕的训练过程中，教师要鼓励幼儿独立尝试，要允许幼儿犯错，同时还要及时跟进指导，帮助幼儿尽快掌握正确的如厕方法。此外，教师要做好跟踪工作，直到问题解决，定时与家长沟通，及时肯定幼儿的进步。

（上海市静安区南西幼儿园提供）

4. 啃得光秃秃的手指甲

小班的旸旸特别喜欢啃指甲。通过一个学期的观察，教师发现在新入园的分离焦虑期，啃指甲是他缓解哭闹情绪的最好方法。但过了分离焦虑期后，他啃指甲的情况反而更加严重了，十个手指甲被啃得光秃秃的。每一次教师对他进行教育，他都当作没听见。

如果你是教师，应该如何处理这种情况？

分析问题

案例中，旸旸无时无刻不在啃指甲，对教师的教育视而不见。在这一事件中，教师要处理以下两个问题：

1. 了解幼儿啃指甲的原因；
2. 根据不同的原因采取不同的措施。

处理流程

了解旸旸啃指甲的原因 ⟶ 针对原因制定应对方案 ⟶ 及时与家长沟通，保持家校教育的一致性。

方法与策略

1. 生理原因的应对方法与策略：需要家长配合，带幼儿到医院做检查。如果幼儿是因为身体里缺少某些微量元素而导致爱啃指甲，就要及时就医，补充相应的微量元素。

2. 心理原因的应对方法与策略：幼儿在心理压力较大或处于焦虑状态时，常常会用一些下意识的小动作来缓解紧张的情绪。这样的幼儿往往既敏感又紧张，教师要多给予鼓励和表扬，多用肢体语言，如抱一抱、摸摸头、亲一亲等，逐步缓解幼儿的紧张心理，让幼儿慢慢放松下来。当幼儿逐渐产生安全感后，焦虑状态会进一步缓解，下意识的小动作经教师有意识地引导后逐渐消失。

3. 习惯原因的应对方法与策略：有的幼儿已经慢慢把啃指甲行为变成一

种习惯,这就需要教师更多的关注,慢慢改变他的习惯。教师和家长要尽可能多和幼儿在一起,如一起游戏,一起玩,一起做许多幼儿感兴趣的事,尽可能减少幼儿一个人的发呆独处时间;当幼儿又一次开始啃指甲时,不要突然严厉制止,而是要温和地用其他活动或者话题自然地将幼儿带离当前的状态,让他忘了啃指甲这件事,分散幼儿的注意力;教师要主动和幼儿讨论啃指甲的危害,和幼儿一起在手指上做一些小标记,如小装饰、小指环等,方便幼儿提醒自己。

  细节提示

第一,关注和分析啃指甲问题背后的原因;第二,教师日常要多关注幼儿啃指甲的问题,并及时矫正;第三,与家长沟通,家校共同努力。

 专家点评

幼儿啃指甲并不是一个简单的行为问题,其背后隐含着身体和心理健康问题。幼儿教师应与家长沟通,详细了解幼儿啃指甲问题的原因,并制定对应的行动方案。但是,无论哪种方案都离不开教师的细心、耐心和爱心,教师应与所有家长一样关注幼儿成长过程中的点滴进步与不足,做一个教育有心人。

(上海市静安区南西幼儿园提供)

5. 阅读课上的吵闹

自主阅读开始后，部分幼儿拿着借阅图书在阅读区安静地看书，老师则在借阅区指导幼儿正确使用借书卡。这时，从阅读区传来吵闹声，有个幼儿跑过来说："老师，小 A 和小 B 为了抢位置打起来了。"

老师急忙赶过去，小 A 和小 B 正在互相拉扯手臂，老师马上将他们分开，并教育他们要礼让，同时重申图书廊的阅读规则，要求他们不要影响其他幼儿。两人不再争吵了。

时间差不多了，老师让幼儿整理好图书，准备回班级。这时有个幼儿过来说："老师，小 A 和小 B 又打起来了，小 A 的手臂受伤了。"

如果你是教师，面对类似情况，应该如何处理？

分析问题

案例中，两个幼儿因为争抢位置发生了两次争吵，并伴有肢体冲突。要妥善处理此次冲突事件，教师要处理以下三个问题：

1. 带小 A 到保健室处理伤口；
2. 了解冲突的原委；
3. 及时与家长沟通。

处理流程

检查两个幼儿的健康状况，将受伤幼儿及时送诊 ⟶ 及时上报，联系家长，告知幼儿的具体情况 ⟶ 个别沟通，了解事件的原因和经过 ⟶ 家校沟通，协商解决问题的方法 ⟶ 抓住契机，引导幼儿进行总结。

方法与策略

1. 检查幼儿的状况，及时将受伤幼儿送诊。因为事件中有肢体冲突，并且小 A 手臂受伤了，所以教师应首先检查和询问幼儿的身体是否有其他不适或受伤，及时送保健室进行检查。然后，立刻联系搭班教师，在图书廊等待搭班教师，将其他幼儿交接给他。

2. 及时上报上级领导，联系家长，告知幼儿的具体情况。如保健教师无法处理手臂伤情，教师应在取得家长同意后送至三甲医院就诊，并通知家长前往医院汇合。

3. 与小 A、小 B 以及近距离旁观幼儿沟通，了解事件的原因和经过。

4. 向双方家长介绍事情的经过，共同协商处理办法。向小 A 家长详细解释事情发生的经过，并与小 B 家长取得联系，要求家长在放学来园时和小 A 家长一起商量解决后续事宜。

5. 抓住随机教育契机，组织同伴矛盾处理的主题教育活动。用幼儿身边的典型案例教育全班幼儿，组织集体讨论。假如这样的事情发生在自己身上应该怎样做，正确的做法是什么等，引导幼儿总结解决矛盾冲突的合理做法。

6. 反思自己的教育行为，在班级中强化幼儿的安全意识和自我保护意识。

细节提示

第一，在幼儿送诊过程中，及时与家长沟通，保证救诊措施得到家长的认可；第二，关心幼儿的恢复情况，并安慰幼儿和家长的情绪；第三，后续教育活动中，加强幼儿安全教育，同时关注团结友爱、合作谦让的班级文化建设。

专家点评

案例中，幼儿教师开展了一系列应急事件处理，非常有序、全面，并抓住了随机教育契机，利用真实案例及时开展安全教育，具有情境性、直观性，容易被幼儿接受和理解，可以减少同类冲突事件的发生。但是，一次应急事件顺利解决并不意味事件的终结。这个事件背后的启示是：教师应注意培养幼儿的规则意识和同伴交往习惯。因此，建立班级常规很重要，帮助幼儿通过他律约束自己的行为，同时形成良好的班级文化更为重要，教师要关注团结友爱、合作谦让的班级文化建设。

（上海市静安区南西幼儿园提供）

6. 天马行空的想象力

大班绘画活动"海底世界"正在进行中，茜茜正在画大鲨鱼，蕾蕾正在给小丑鱼涂色，豆豆画了一间歪歪斜斜的房子。教师问："豆豆，你为什么要在海底世界里画了一间房子呢？"茜茜说："海底世界里有房子吗？"豆豆说："我想给小鱼小虾们造一个游乐场，他们每天游来游去很没劲。"蕾蕾说："鱼儿就是游来游去玩的呀。"茜茜说："豆豆，这个游乐场有点难看，小鱼不会去玩的！"豆豆生气地瞪着身旁的同伴，然后用眼神向教师求助。

如果你是教师，应该如何处理这种情况？

分析问题

案例中，其他幼儿在与豆豆讨论其绘画作品"海底世界"的大房子时，意见不合，发生了争执。面对幼儿之间的交流和冲突，教师要帮助幼儿明确：对于同一件事，存在不同的想法是合理的。

处理流程

了解幼儿的想法 ⟶ 组织交流和讨论，分享不同的创作想法 ⟶ 培养幼儿倾听和欣赏的能力，引导幼儿接纳不同的想法。

方法与策略

1. 分享和展示每个幼儿的作品。
2. 指导幼儿解读自己的作品，说一说自己画海底世界时的想法；鼓励幼儿大胆想象，勇敢表达自己的想法，肯定幼儿丰富的想象力。
3. 开展集体讨论，如"你认为哪些想法很精彩""当别人想法与我不一样时，我应该怎么办"，引导幼儿发现别人的闪光点。
4. 思考与总结，引导幼儿学会倾听不一样的声音。通过同伴学习，相互更新经验，使幼儿获得同伴的情感支持，养成理解和接纳别人不同意见的品格。

细节提示

第一,由于幼儿面对未知世界,所以他们有着不同于成人的独特想法,教师应当保护和激发幼儿心中美好的想象力与创造力;第二,教师也要引导其他幼儿正确评价同伴的作品,鼓励幼儿接纳不同的想法。

> **专家点评**
>
> 在时间允许的情况下,教师要先了解幼儿的想法,观察幼儿的行为,不能武断地给幼儿的行为下结论。重视并尊重幼儿的想法,保护幼儿的自尊心,培养幼儿的自信心。同时,这一阶段幼儿的特点是以自我为中心,不能认同和接纳与自己不同的观点,只从自己的感受和需求出发,很少关注别人的想法。案例中,教师为幼儿创造聆听别人感受和想法的机会,鼓励幼儿从新视角看待问题,尝试换位思考,发现同伴思维中的闪光点。这些措施对于帮助幼儿去除自我中心、培养开阔胸襟非常有益。

(上海市静安区芷江中路幼儿园提供)

7. 探索活动失败了

探索活动开始了，豪豪独自一人玩"电路之家"游戏。他拿出"让电灯点亮"的示意图，在底板上拼搭起来。十分钟左右，豪豪完成操作了，他兴奋地叫了起来："我完成啦！"

可是，无论他怎么使用开关，"电灯"都没有亮起来。他呆住了，眼泪在眼眶里打转。"灯都没亮，怎么就说完成了呢！""真是瞎说。""你这是在骗人。"旁边的幼儿开始责备他。豪豪伤心地哭着，坐到一边去了……

如果你是带班教师，接下来应该怎么做？

分析问题

在这个事件中，涉及两个人物。一个是豪豪。豪豪探索兴趣高，独立完成"让电灯点亮"的手工操作，但技术不到位，在装配电路上存在一些技术问题，最终电灯未能按照预期亮起来。由于豪豪抗挫折能力较弱，面对失败和同伴责备时哭了起来。二是旁观的幼儿。他们对于豪豪的失败操作，不仅没有主动安慰与帮助，还指责豪豪骗人。

要合理解决这个事件，教师要关注以下两个问题：
1. 教师如何引导那些责备豪豪的幼儿；
2. 教师如何引导豪豪走出失败的阴影。

处理流程

师生沟通，了解事件的原委 ⟶ 个别教育，引导幼儿正确对待同伴的失败 ⟶ 借助实例和榜样，帮助豪豪重拾信心 ⟶ 开展主题教育，建设互助友爱的班级文化。

方法与策略

1. 帮助豪豪树立自信心，鼓励豪豪勇敢地面对自己的失败和挫折。教师要热情表扬豪豪勇于尝试、大胆探索的行为，提醒他检查是否在安装过程中出现差错或问题,建议他按照示意图再次认真、细致地尝试组装。

2. 引导其他幼儿正确对待同伴的失败,以积极的心态和行为关心、帮助同伴,而不是一味地指责同伴。鼓励他们帮助豪豪共同探索"电路"游戏,在帮助他人的过程中体验成功的快乐。

 细节提示

第一,由于幼儿面对失败时缺少抗挫折的意识,所以教师在鼓励和提供帮助时要适度,给予幼儿自我应对挫折的空间;第二,对于指责同伴的幼儿,教师要培养他们的同伴合作意识。

 专家点评

> 幼儿缺乏的不是互助意识,而是共情能力。其他幼儿需要了解豪豪失败时的感受以及受指责时的心情,了解豪豪得到帮助时的感动以及获得成功时的喜悦;同样,豪豪也需要了解同伴的想法。这样,在移情的作用下,幼儿才会以积极的态度对待同伴的失败。

(上海市浦东新区南门幼儿园提供)

8. 冒险运动与安全

大班自主运动中，幼儿正在有秩序地玩滑梯。有两个男孩却不肯走楼梯上去，而是溜到下面，试图通过攀爬柱子登上高台。教师一扭头，发现两个男孩已经晃晃悠悠地抓住滑梯高处的栏杆，使劲向上蹬。教师迅速抱住幼儿，将他们放下后，大声地说："要走楼梯，不要从这里爬上去，多危险。"两个男孩无精打采地走开了。

如果你是带班教师，应该如何处理这件事？

 分析问题

案例中，教师对于幼儿"意料之外"的行为是排斥的，认为幼儿攀爬滑梯存在安全风险，所以第一时间制止了幼儿的冒险行为，幼儿们一脸失望。在这个事件中，教师要处理以下两个问题：

1. 了解幼儿攀爬滑梯的原因；
2. 根据具体的原因采取后续的教育措施。

 处理流程

询问原因，了解幼儿攀爬滑梯的动机 ⟶ 商量办法，引导幼儿学会思考如何兼顾运动与安全性 ⟶ 共同行动，满足幼儿探索新奇运动的需求 ⟶ 积极反馈，肯定并鼓励幼儿的想法。

方法与策略

1. 师生沟通，了解游戏动机。教师可先问幼儿"你们在玩什么呢"，了解幼儿的想法。

2. 基于需求，共商解决办法。了解幼儿攀爬滑梯的动机后，教师根据实际情况提示幼儿关注运动中的安全问题，引导幼儿思考是否准备安全绳等细节。然后，教师从旁陪护幼儿安全地进行自创游戏。如此，既满足了幼儿的创新愿望，又让幼儿探索了新的运动方式。

3. 分享经验，开展安全教育。在运动后的分享中，教师可以引导幼儿观察并分析冒险运动需要做哪些准备。

 细节提示

在幼儿成长的过程中，危险随处可见，难以一一规避。教师所要做的不是大包大揽或将危险一一扼杀，而是要教会幼儿如何规避危险，引导幼儿学会保护自己。

 专家点评

积极的、适当的冒险是幼儿打开广阔世界的钥匙，是幼儿探索周围环境、了解自己能力的敲门砖。因此，教师在保护和尊重幼儿想象力和创造力的同时，也要培养幼儿的自我保护意识。

（上海市宝山区七色花艺术幼儿园提供）

9. 乐于和同伴交往

午餐后的自由活动时间，幼儿们都三个一群、五个一伙地结伴交换玩具，只有麟麟一会儿趴在桌子上，一会儿蹲在地上，默默地想心事，时而自言自语。老师关注到他，一直鼓励他去跟其他幼儿一起玩。可是，就算麟麟跟他们坐在一起，也没有交流。

有时，老师陪着麟麟玩，发现麟麟能说会道，很愿意与老师交流。与麟麟家长联系后，家长说道："我家宝贝在家里很爱讲话，而且很喜欢讲故事、看书，与在幼儿园的状况截然不同。"家长也一直为幼儿不愿与同伴交往而发愁。

如果你是教师，了解这些情况后，应该如何处理？

分析问题

案例中，麒麟出现不愿意主动与同伴交往的问题。造成这一问题的原因主要有以下三点：

1. 幼儿的先天气质使他在适应新事物上需要较长的时间；
2. 父母过度保护幼儿，在家庭环境中完全以幼儿为中心；
3. 缺少与人交往的机会和技能，幼儿基本只与成人交往，而成人总会迁就幼儿，所以幼儿学不到公平交往的技能。

处理流程

与家长沟通，了解幼儿不愿意与同伴交往的原因 ⟶ 示范指导，使幼儿学会一些交往技巧 ⟶ 创造机会，帮助幼儿融入集体生活 ⟶ 家校共育，指导家长培养幼儿的社交能力。

方法与策略

1. 以强带弱。给麟麟介绍一位交往能力强的同伴，带领他一起玩，使他感受与同伴互动的快乐。
2. 以玩具做媒介。与家长交流，准备一些适合两三个幼儿一起玩的玩具，吸引同伴一起玩游戏。

3. 提供交往机会。建议家长多带幼儿走出去、请进来，给幼儿创设与同伴共同游戏的环境。

4. 锻炼交往的技能。教幼儿说一些受欢迎的交往语言，如"我可以跟你一起玩吗""你玩好了，请给我玩一会儿吧""我有一个新玩具，咱们一起玩吧"等。

 细节提示

第一，与幼儿家长沟通，了解幼儿不愿意主动社交的真实原因，对症下药；第二，日常自由活动中，为幼儿搭建同伴交往支架，及时鼓励幼儿在同伴交往中的点滴进步。

 专家点评

引导幼儿开展同伴交往可以从简单的、零散的互动逐步发展到各种复杂的、互惠性的人际交往。如果教师发现幼儿有主动交往的意愿，应积极鼓励，并引导幼儿感受交往的快乐。

（上海市宝山区红星幼儿园提供）

幼儿园
保教实践篇

10. 与大家分享美好

"六一"儿童节那天，幼儿园举行了一场"我最爱的动画片"亲子创意制作活动。

蕊蕊和妈妈一起做了一个漂亮的葫芦娃娃。当教师提议将大家的作品展示给其他小朋友看看时，幼儿们都兴高采烈地将自己的作品放到教室的桌子上，蕊蕊却一直没有动。

"快把娃娃放过去呀！"妈妈提醒蕊蕊。蕊蕊还是不动。"你看其他小朋友都放上去了，你快去呀！"妈妈有些急了，声音变大了，还动手推了蕊蕊。

"老师，蕊蕊的娃娃没有交上来，她不乖！"有个幼儿大声喊道。

蕊蕊终于没忍住哭了起来。

面对这种情况，如果你是教师，应该怎么办？

 分析问题

案例中，主要有三对矛盾：一是其他幼儿兴高采烈地展示自己的作品而蕊蕊却不行动；二是看到蕊蕊不行动，妈妈很生气，动手推了蕊蕊；三是其他幼儿指责蕊蕊不乖。教师要处理好这三对矛盾，需要解决以下三个问题：

1. 了解蕊蕊不愿意上交作品的原因，并安抚蕊蕊的情绪；
2. 如何与蕊蕊妈妈沟通；
3. 如何对班中其他幼儿开展教育工作。

处理流程

及时制止蕊蕊妈妈的行为 ⟶ 安抚蕊蕊的情绪 ⟶ 开展同伴交往即时教育，组织后续活动，转移幼儿的注意力 ⟶ 课后进行心理疏导 ⟶ 与家长沟通，引导家长尊重幼儿的意愿。

方法与策略

1. 第一时间安抚蕊蕊的情绪。教师可以告诉蕊蕊："蕊蕊是个好孩子，相信你不愿意上交作品一定有自己的原因,下课偷偷告诉老师好吗?"

2. 立即阻止蕊蕊妈妈强迫蕊蕊上交作品的行为,同时要求蕊蕊妈妈问清楚幼儿内心真实的想法,不要妄加猜测。

3. 开展同伴交往即时教育,并组织后续活动,转移幼儿的注意力。教师可以告诉其他幼儿:"蕊蕊一直都是一个乖孩子,她不交作品一定有些原因还没有告诉我们,等下你们可以去问问她。你们这样说她,她会很伤心。"尝试引导对蕊蕊言语攻击的幼儿向蕊蕊道歉,鼓励蕊蕊表达自己内心的想法。

4. 课后及时进行心理疏导。如果蕊蕊愿意上交自己的作品,教师可以借此机会给所有的幼儿发些小奖品,对他们留下作品的行为表示感谢。如果蕊蕊仍不愿意,可以提供新材料,建议她在幼儿园的时候另外再做一个。

 细节提示

幼儿的自尊心和自信心非常脆弱,开展教育活动时,教师一定要注意不能强迫幼儿,而应俯下身体、耐下心来听听幼儿的想法。

 专家点评

一个健康的幼儿完全懂得如何通过准确调节来满足自己的需求。教师和家长不应强迫幼儿做自己不愿意做的事情,而是应该耐心倾听幼儿的声音。后期,教师可以引导幼儿们逐一欣赏布置在各个活动室里的作品,使其了解他们的作品是怎样美化幼儿园环境并给大家带来美的享受。让幼儿感受到是他们的作品让幼儿园变得更美丽了,从而激发幼儿的集体荣誉感,进而提高他们主动展示作品的意愿。

(上海市嘉定区清河路幼儿园提供)

11. 只依恋一位教师

小班下学期，豆豆转园了。豆豆妈妈带着豆豆到新幼儿园熟悉环境时，是蒋老师接待的。之后，正式入园的第一天，妈妈把豆豆的小手交给了蒋老师。蒋老师真的对豆豆很好，于是豆豆成了蒋老师的"跟屁虫"。豆豆对另外一位搭班老师陈老师总是唯恐避之不及，每次教室里只有陈老师在时，豆豆就哭着要找蒋老师。陈老师过去安慰豆豆，没想到豆豆哭得更厉害了。

如果你是这位陈老师，应该如何处理这种情况？

  分析问题

案例中，小班幼儿豆豆进入新环境后，与接触的第一位教师——蒋老师建立了信任关系，但是对陈老师产生了抵触情绪。产生这一问题的原因主要有以下两点：

1. 幼儿进入一个陌生的环境后，在心理上会产生一种不安全感，从而本能地对第一位接触的、相对熟悉的教师产生依恋；

2. 在与豆豆交往中，陈老师对豆豆的关注度不够，也未经常互动，所以与豆豆尚未建立亲密关系。

  处理流程

在蒋老师在场的情况下，尝试先和豆豆接触 ⟶ 熟悉后，单独与豆豆相处 ⟶ 必要时，和家长取得联系。

 方法与策略

1. 借力幼儿信任的教师，建立可信任的形象。通过豆豆信任的蒋老师向豆豆介绍陈老师，增进豆豆对陈老师的了解。

2. 增加互动交流的机会，拉近师生距离。在蒋老师在场的情况下，多和豆豆接触，逐渐拉近师生心理距离；然后，尝试单独与豆豆相处。

3. 及时关注，多挖掘豆豆的优点和长处。活动中，可以用语言表扬和引导,如"豆豆做得真不错""豆豆你能给大家展示一下吗",也可以用适当的拥抱和抚摸来关爱幼儿。这样,幼儿的戒备心会逐渐消除,渐渐地喜欢上陈老师。

 细节提示

第一,新生入园时,应及时出现在幼儿身边,安慰幼儿,增强幼儿的入园安全感;第二,如未能及时出现,之后应循序渐进地接触幼儿,在游戏中有意识地亲近幼儿,让幼儿感受到教师的关心与爱护,从而建立亲密关系;第三,必要时,与幼儿信任的教师一起和家长沟通,通过幼儿亲近的两方力量,帮助教师在幼儿心中建立可信任的形象。

 专家点评

案例中反映的情况是幼儿发展过程中的重要一环——社会情感的发展。社会情感是发展和建立良好社会关系的重要因素,社会情感的发展是一个让幼儿了解自我、审视自我与他人的关系、与他人建立相应的社会关系的过程。幼儿需要在充满爱的环境里获得足够的安全感之后,幼儿的社会情感才会跟着慢慢发展。

(上海市奉贤区江海幼儿园提供)

12. 害怕学本领

早上幼儿来园时，老师在门口迎接。米琪哭哭啼啼地来了，老师上前询问："哟，今天怎么了？"米琪爸爸说："早上一直哭，也不知道怎么回事。"老师摸摸米琪的头，俯身去安慰。米琪直说："老师，我不要学本领，好吗？"老师问米琪："为什么？"米琪回答说："老师，我真的学不会！"

很快，学本领的时间到了。教师请幼儿搬起小椅子坐成一排，米琪慢吞吞地搬起小椅子坐在一边。

今天，老师设计了"美丽的小花"美术活动。刚要请幼儿欣赏各种各样的花时，幼儿们你一言我一语，说着自己喜欢的花。接下来，请幼儿在小花园里"种花"。"你想种什么花，米琪？"米琪说："我不要种花……"

如果你是教师，面对这样的学生时，应该怎么做？

分析问题

案例中，由于米琪自己认为学不会就一直抗拒学本领，也不愿参加学本领的活动。在这个事件中，教师要处理以下两个问题：

1. 了解米琪来园时的情绪；
2. 找到米琪害怕学本领的根本原因。

处理流程

和家长沟通 ⟶ 从来园情绪入手 ⟶ 找到幼儿害怕学本领的根本原因 ⟶ 与家长合作，并商量对策。

方法与策略

1. 第一时间与家长沟通，了解幼儿平时在家的表现以及早上情绪变化的原因。
2. 耐心与幼儿沟通，引导幼儿说出害怕学本领的原因，并鼓励幼儿参与学习。

3. 与家长合作，找到幼儿身上存在的问题，如缺乏自信；制订计划，帮助幼儿在活动中体验成功，增强自信心。

细节提示

第一，要与家长保持联系，经常交流幼儿的情况；第二，加强幼儿的自信教育；第三，及时发现幼儿的闪光点，帮助幼儿体验成功的快乐。

专家点评

幼儿畏难的问题在幼儿园经常出现，如磨蹭、不喜欢学习、学习时情绪不好等。其实，教师首先应该弄清楚的是幼儿到底害怕什么，是新知识、新本领吗？显然不是，幼儿害怕的是学不会的无助感，这种无助感背后是害怕教师、同伴、家长的批评和不认可，从而形成自我否定评价，并产生自我逃避行为。因此，教师要关注此类幼儿的自信心教育，帮助他们获得成功的体验，消除他们的畏难情绪。

（上海市奉贤区江海幼儿园提供）

13. 杂乱的过家家

在一次角色游戏中，幼儿们玩得很投入，每一个幼儿都在忙碌着。佳佳扮演的是"妈妈"，她在娃娃家里忙着做饭。走进娃娃家，只见"妈妈"正在灶头旁炒西瓜和南瓜。一旁的餐桌上餐盘摆得乱糟糟，餐盘中随意摆放着各类食物，如辣椒和可乐、蛋糕和青菜等，有的食物还洒落在地上。除了餐盘外，桌子上还有小扫帚和熨斗。

如果你是教师，在这件事中需要处理好哪些问题？

分析问题

案例中，呈现了幼儿角色游戏中物品摆放杂乱、随意散落的现象。这一现象反映了幼儿做事有序性、条理性和整理能力的欠缺。因此，要改变这种情况，教师要处理好以下两个问题：

1. 如何提高幼儿的动手实践能力；
2. 如何提高幼儿摆放与整理物品的能力。

处理流程

调整材料 ⟶ 参与游戏并指导幼儿 ⟶ 开展集体探讨。

方法与策略

1. 完善角色游戏的方案设计。例如，帮助幼儿划分做菜功能区域，减少材料种类的供应，避免浪费和随意使用；在每个区域内增加放置废料的小篮子，开展幼儿实物摆盘策略的指导。

2. 针对幼儿动手实践经验不足的现象，教师可以提供操作流程指导。针对案例中幼儿缺乏做菜经验的情况，教师可以打印一些常见的菜肴图片，做成菜谱或配菜示意图，放在娃娃家和蔬菜超市做图示指导。

3. 设计平行游戏，为幼儿整理、归置行为提供策略指导。发现杂乱桌面的情况后，教师可以以角色身份间接地介入游戏，利用自己所扮的客人角色，积极参与其中,与"妈妈"一起整理餐桌,指导"妈妈"摆盘和整理废料。

4.发现问题后,教师可以用照片等形式将问题记录下来。等桌面整理干净后,再拍一张整洁的桌面以及客人坐在沙发上的照片。然后,在分享交流的时候,可以采访一下客人,问问他们喜欢什么样的餐桌,并引导幼儿展开讨论,总结保持桌面整洁的小技巧。

 细节提示

第一,注重在游戏和角色体验中引导幼儿养成良好的卫生行为习惯;第二,关注幼儿同一行为习惯的日常跟踪指导和培养,可以用照片等形式记录幼儿的变化和进步,并及时给予表扬和肯定。

 专家点评

好习惯是日积月累的。从早上的自主游戏活动、集体教学活动到区角活动、角色活动、户外游戏,从游戏开始到游戏结束都有整理、归置环节。教师要当幼儿教育的有心人,秉持"一日生活皆课程"的理念,把握一日生活的学习契机,在日常活动和游戏中,培养幼儿的动手实践能力,引导幼儿养成自主整理的好习惯。

(上海市浦东新区东方幼儿园提供)

中小学
教学篇

  千姿百态的课堂，总是向教师提出各种各样的挑战。有时是学生出乎意料的提问，有时是启而不发的沉默，有时是脱缰野马般的讨论，有时是远处传来的呼噜声……这些都需要教师做好预设，机智应对。这其中的教育智慧是永恒探讨的话题。下面的案例中，教师的做法有其独到之处，值得借鉴。

1. 冷僻的问题

语文课上，教师正引导学生对《木兰诗》的内容进行质疑和研讨。小明高高地举起了手，说道："我听说古代女子都要裹脚，多是三寸金莲。那花木兰怎么还能征战沙场呢？她没裹脚吗？"

如果你是这节课的教师，面对这种情况，应该如何处理？

分析问题

案例中，小明提出的问题已经超出了教学目标和教学重点的范围。但如果不解决好这个问题，不仅会影响积极、融洽的师生互动的课堂氛围，也会打击学生的积极性。面对这个问题，教师要处理好以下两点：

1. 如果已经准备好相关知识，如何水到渠成地答疑解惑；
2. 如果没有准备相关知识，如何正确引导学生和教师一起去拓展和探究。

处理流程

肯定小明深入思考和勇于质疑的精神 ⟶ 如果准备充足，可进行答疑解惑 ⟶ 拓展延伸，鼓励学生课后查阅相关历史文化资料 ⟶ 研讨交流并解决问题。

方法与策略

1. 明确地肯定小明的质疑非常好，以独特的视角对文本进行了深入的思考。
2. 如果已充分备课，教师可以从时代的发展演变和古代女子裹足习俗的萌芽、发展、鼎盛、消亡等角度加以讲解，并适时引导学生全面认识这一现象。
3. 如果课前没有准备这一问题，应充分激发学生的求知欲，引导他们拓展延伸，课后探讨这一历史现象，并完成相关专题研讨，利用黑板报或班级微信群进行交流，拓展学生的视野，培养学生积极探索、大胆质疑的精神。

细节提示

教学设计不能忽视"备学生"这一环节,教师应注意用角色转换法备课,从学生的角度思考文本,从不同的角度深入地思考问题。

专家点评

教师在处理课堂教学中突发的质疑时,既要保护和肯定学生主动思考、大胆质疑的积极性,又要将其视为新的教育资源,因势利导地引导学生对文本展开更加深入的探究,体现教师的教育机智。

（上海市彭浦初级中学提供）

2. 课堂发言积极性消失

历史课上，历史老师在新课教学环节中设计了三道检测练习，并以学习任务单形式下发给学生。第一次练习时，小刘第一个高高地举起了小手。历史老师对他说："小刘，手放下，等等其他同学。"几番巡视后，历史老师请小王回答了这个问题。第二次练习时，小刘又很快举手了，历史老师对他说："小刘，你再仔细检查检查！"这一次，历史老师还是没有给小刘回答问题的机会。第三次练习时，小刘并没有举手。直到这堂课结束，小刘都再也没有举手。

如果你是这位历史老师，面对这种情况，应该怎么做呢？

 分析问题

案例中，面对老师的设问，同学们的反应有快有慢。历史老师却总是忽视举手最快的小刘，经过两次举手都不被老师点名回答后，小刘的积极性逐渐消失。在这个事件中，教师要处理以下三个问题：

1. 呵护小刘积极强烈的表达欲望；
2. 照顾大多数学生的学习进程；
3. 帮助完成练习有困难的少数学生。

 处理流程

巡视小刘的答题情况，如果正确，请小刘当"小老师"，帮助完成练习有困难的学生 ⟶ 巡视其他学生的答题情况，及时点拨与鼓励 ⟶ 对小刘的"小老师"行为给予鼓励与肯定。

方法与策略

1. 了解情况。巡视小刘的答题情况，如果正确，及时表扬小刘，并请小刘当"小老师"，帮助其他同学；如果小刘答题不正确，引导小刘发现错误，启发他寻找新的解题思路。

2. 启发诱导。教师巡视学生完成练习的情况，重点放在可能会在"对与错"边缘游离的那部分学生上，对的给予鼓励，最好使用肢体语言，错的给予引导和提示。

3. 兼顾整体效率。经过巡视后，教师对于答题的整体情况已基本了解，这时根据课堂时间，尽量请有正确答案的学生回答问题。

4. 恰当点评回应。教师的点评可以分析巡视过程中发现的典型错误，点赞"小老师"以及积极表达观点的行为。

 细节提示

请举手的学生回答问题，还是请没举手的学生回答问题，是由课堂的实际情况决定。但学生积极、主动的言行如金子般珍贵，须精心保护和鼓励。

 专家点评

教师对学生回答问题的态度很大程度上会影响他们对一门课程的兴趣。从满心期待到满腹失望，学生开始对教师的公正形象产生怀疑，渐渐地失去兴趣，甚至可能一气之下不再听讲。案例中呈现了学生课堂参与积极性逐渐消失的一个重要原因，值得所有教师深思。学生的每一次积极主动的行为都值得教师及时关注和细心呵护。案例所提供的"小先生制"处理方法不失为一种有效策略。

（上海市钟山初级中学提供）

3. 课堂上的"瞌睡虫"

每次一上数学课，小刘就昏昏欲睡。这天下午，他不出意外地在数学课上又睡着了。迷糊间，他听见周围的同学在"哗哗哗"地拍巴掌，就下意识地跟着拍手。他的样子顿时引来同学的哄堂大笑。原来，大家正在为他这个"瞌睡虫"鼓掌呢。

如果你是数学老师，应该如何处理这种情况？

分析问题

案例中，教师遇到了上课睡觉、不认真听讲的"瞌睡虫"小刘。在这一事件中，教师要处理以下两个问题：

1. 弄清楚小刘总是在课堂上打瞌睡的原因；
2. 激发学生上课的积极性。

处理流程

缓解小刘的尴尬，请小刘回答本课中的一个小问题 ⟶ 鼓励和肯定小刘的回答 ⟶ 课上不断地用眼神关注小刘 ⟶ 课下找小刘谈心，了解情况 ⟶ 后续不断提醒和鼓励。

方法与策略

1. 通过提问，了解学习情况。可再次叫醒小刘，请他回答本节课中的一个问题，根据他回答的情况给予评价，并采取后续针对性措施。

2. 课后沟通，了解瞌睡原因。及时和小刘单独谈话，首先了解他昨晚的睡眠情况，是不是作业量过多引起睡眠不足，是否有其他原因，必要时与家长沟通。

3. 共同协商，避免课上打瞌睡。与小刘面对面沟通，一起协商如何才能打起精神，如是否需要暂时坐在讲台旁边，能否主动参与课堂学习，是否存在知识困惑等。

4. 反思教学设计，关注重难点知识的解析、课堂提问和活动设计，完善教学设计。

5. 密切关注学生的情况，经常鼓励与表扬。可以引导学生帮教师做一些力所能及的事情，如分发作业、拿教具等，提高学生参与课堂教学的积极性。

 细节提示

第一，学生上课打瞌睡的原因是多种多样的，教师分析原因时，一定要做好自我反思，完善课堂设计，通过活动、提问、课堂应答等多种方式激发学生的学习兴趣，提高学生的课堂参与度；第二，教师提问打瞌睡的学生时，应尽量提出学生容易回答的问题，即使回答不出来，也不要在全班学生面前让他难堪。

 专家点评

案例中，该生打瞌睡的根本原因是缺乏学习兴趣，教师要激发学生的学习兴趣，与学生共同探索适切的学习方法，创建和谐温馨的师生关系；然后，锲而不舍地进行积极的沟通和调适。

（上海市罗星中学提供）

4. 学生思维跑偏了

语文课上，语文老师正带领学生学习课文《武松打虎》。为了加深学生的印象，调动课堂氛围，语文老师在 PPT 上展示了几幅卡通版的武松打虎图片。学生一下子来了兴趣。但是，就在语文老师试图通过图片讲解描写打虎的几个动词时，有个学生却说："这个小老虎这么可爱，为什么要打死它？"有个学生接着说："老虎是保护动物，不能打的。"一下子，课堂里热闹起来，学生们为了老虎议论纷纷。

如果你是任课老师，如何处理这种课堂氛围活跃后课堂重心偏移的问题？

分析问题

案例中，呈现了学生思维偏离课堂主线的问题。在这一事件中，教师要处理以下两个问题：

1. 想一想选取的图片或者其他教学材料是否恰当；
2. 学生开始聊天后，应该如何及时制止并引导他们把注意力集中在课堂教学内容上。

处理流程

通过提示语、新课题提问等方式把学生拉回课堂教学主线 ⟶ 教学反思，完善课堂教学设计 ⟶ 总结并归纳吸引学生注意力的方法和策略。

方法与策略

1. 使用其他教学材料或布置一项新任务，帮助学生迅速从原来的教学环节中切换出来，顺利进入下一个教学环节，如点名请那些带头聊天的学生参与教师新布置的学习活动中。

2. 课后反思，完善教学设计。一是充分预设，尽量避免使用容易引发学生讨论与课堂教学内容无关的教学材料；二是反思教案设计，教学材料的选取是否与教学内容相符并能达到教学目标，如果不能，应调整教学材料。

3. 课后总结，积累吸引学生注意力的方法与策略。

 细节提示

第一，尽量避免使用严厉的语言批评聊天的学生，以免伤害学生的自尊心，引发学生的逆反心理；第二，找准时机，提醒学生遵守课堂规则，与课堂教学无关的话题可以课后再探讨。

 专家点评

课堂上，教师有效管理学生对落实教学目标、提高课堂学习效率起着重要作用。作为课堂组织者，教师不仅要精心备课，充分预设，排除干扰因素，有效引导学生的课堂注意力，还要及时纠正学生的偏离行为，提醒学生要遵守课堂规则。

（上海市回民中学提供）

5. 教学相长

足球课上，体育老师讲解并示范传球技术后，一位校队男生立刻走向前接过教师手中的足球，面对其他学生和体育老师说："老师，你那样传不对，足球应该这样传。"说完，就流畅地做了几次不同的传球动作。他一边做一边解释，所有同学的注意力都被这位学生吸引了，体育老师尴尬地站在旁边。

如果你是体育老师，接下来应该怎样做？

分析问题

案例中，体育老师的专业知识和能力遭到学生质疑，并且学生的传球技术比教师做得更准确精彩。为了顺利推进教学和脱离尴尬处境，教师要处理以下三个问题：

1. 巧妙地挽回教师的"面子"；
2. 保护校队学生的积极主动性；
3. 转移其他学生的注意力，继续推进教学。

处理流程

冷静对待，沉着思考对策 ⟶ 找到突破点，"转危为安" ⟶ 晓之以理，动之以情，承认不足 ⟶ 课后学习，增加自身的专业知识，提高自身的专业能力。

方法与策略

1. 保护校队学生的积极主动性。在校队学生做完动作后，教师应马上肯定该生的高超技术，并表扬他的积极参与行为。

2. 将错就"措"。第一，面向全班学生，感谢校队学生的指正，坦诚地指出在专业技术领域，听取专业人士意见和建议的重要性；第二，利用自己犯的错误向学生展示犯错的原因以及正确动作的技术要领，引导全班学生的注意力快速"回位"，继续开展课堂教学。

3. 在教学中，实施小先生制。请校队学生做大家的"小老师"，自己担任助理，共同完成这节课的教学任务。课后，教师还可以虚心向校队学生请教有关足球的专业技术。

 细节提示

第一，教师切勿出于"面子"将错就错，教给学生错误的动作；第二，保护学生参与课堂的积极性，肯定学生的专业技能，感谢他及时指出教师的不当之处；第三，教师要提高自身的专业素养。

 专家点评

案例中，呈现了教师应有的胸襟和气度。韩愈在《师说》中写的"无贵无贱，无长无少，道之所存，师之所存也""弟子不必不如师，师不必贤于弟子，闻道有先后，术业有专攻，如是而已"确实是至理名言。新时代的教师应与时俱进，不断提高自身的专业素养。

（上海市崇明区东门中学提供）

6. 课堂上的敏感话题

课文里的主人公是一个眼睛不好的残疾人，作者为了呈现这位残疾人不被人关怀的可怜遭遇，写了许多别人讽刺指责的语句。课堂上，教师正侃侃而谈，一个有视力障碍的学生突然垂下头。教师敏锐地发现后，就不再讲关于眼睛的话题了。下课后，教师一直苦思冥想，不知道该做什么来安慰这位学生，又怕刻意做些什么反而伤害了他……

如果你在课堂上遇到这种问题，应该怎么做？

分析问题

案例中，教师在课堂教学中遇到涉及学生心灵痛点的敏感话题。在这个事件中，教师要处理以下四个问题：

1. 抚慰有视力障碍的学生的心灵；
2. 如何避开有关眼睛的描述并揭示课文主题；
3. 如何处理课堂教学中涉及个别学生心灵痛点的敏感话题；
4. 如何引导其他学生正确面对涉及同伴心灵痛点的敏感话题。

处理流程

课堂上，及时中止话题，暂时回避 ⟶ 课后，与有视力障碍的学生单独沟通 ⟶ 营造充满正能量的课堂气氛 ⟶ 后续观察。

方法与策略

1. 课堂上，及时中止话题，回避眼睛问题，避免给有视力障碍的学生带来更深的伤害。

2. 与有视力障碍的学生单独沟通。教师要表明自己对他的关怀和保护，用案例告诉他，世界其实是友爱的，并在日后师生交往中主动关心和爱护。

3. 课堂上，鼓励学生有理有据地评论那些讽刺指责的话语，引导学生正确理解作者的意图，整体把握学习目标。

4. 可以让学生写一份读后感，了解学生的接受情况，以便后续跟进。

 细节提示

与学生单独沟通很重要，教师一定要表现出春风般温暖而无痕的欣赏和鼓励。美国心理学家威廉·詹姆斯说过："人性最深刻的原则就是希望别人对自己加以赏识。"特别是有生理缺陷的学生，更需要来自教师和同伴的尊重与欣赏。

 专家点评

暂时回避敏感话题，照顾学生的心灵痛点，体现教师的人文关怀，但不留痕迹地引导学生勇敢地直面现实却是更加积极、智慧的做法。教师只是学生人生道路上的一员，应向学生表达善意和尊重，但是不能保证人人都是如此。因此，在后期教育过程中，教师应该引导学生勇敢地面对自身的不足和流言，培养学生的自信心与抗挫折能力，鼓励学生自信地面对人生，用自己的闪光点走出生理缺陷带来的阴影。

（上海南汇中学提供）

7. 全凭心情交作业

作业对高一学生小 A 而言似乎可有可无。教师在和小 A 妈妈交流的过程中得知,小 A 从小就有不交作业的陋习,是否交作业全凭他的心情。某天早上,小 A 又以忘记带作业为由不交作业。

如果你是小 A 的任课老师,应该如何处理这种情况?

分析问题

案例中,小 A 存在不愿意交作业的陋习,可以从内因与外因两个角度进行分析:内因可能是小 A 的学习动机不高,学习习惯差,不能合理安排作业时间;外因可能是作业太多,内容太难,对教师或学科产生抵触情绪。要纠正小 A 不愿意交作业的陋习,教师要处理以下三个问题:

1. 如何面对全班学生对此事作出回应;
2. 如何督促小 A 完成作业;
3. 了解小 A 不交作业的原因,寻找有效的解决方法。

处理流程

课中,简单了解情况,开展正面教育,提醒小 A 按时交作业 ⟶ 课后,与小 A 谈话,深入了解小 A 未能按时完成作业的原因和想法 ⟶ 与小 A 家长沟通,全面了解小 A 在家中的学习情况 ⟶ 与小 A 及其家长共同商定可行性措施。

方法与策略

1. 个别沟通交流。课后与"问题学生"个别交流,并与其他学科老师沟通,了解学生不愿意做作业的想法,找到问题的根源所在,对症下药。

2. 特别关照"问题学生"。布置作业时,有意无意地特别提醒他们,让他们当着全班同学的面重复作业内容、要求以及交作业的时间。大多数学生要面子,不愿意在全班同学面前成为不交作业的典型,所以教师持之以恒的提醒和帮助基本上会使其改掉不交作业的习惯。

3. 适当降低作业要求和难度。针对因作业难而不交作业的"问题学生"，教师要根据学生的实际情况，适当降低对这类学生的作业要求和难度，帮助学生获得成功体验，重拾学习信心。

4. 善于表扬，及时肯定进步。一旦"问题学生"完成作业，教师千万不要吝啬表扬和鼓励，要千方百计地挖掘和激发"问题学生"的学习热情，这会在很大程度上调动他们的学习主动性和积极性。

  细节提示

第一，学生不交作业或不能按时提交作业的原因非常复杂，教师要深入了解问题症结，对症下药；第二，初中生自尊心较强，不可当着全班学生的面责骂他们，也不可找家长告状；第三，部分学生长期不交作业的陋习已经养成，教师要做好打"持久战"的准备。通过建立亲密的师生关系，让学生感受到教师对其不放弃和有期待的态度，逐步帮助学生重拾学习兴趣和信心。

 专家点评

　　作业是反馈学生学习效果和课堂教学效果的重要媒介。按时提交作业还涉及学生的学习习惯和学习品质等问题，教师应该高度重视。教师应与家长达成一致意见，家校同步采取措施，建立激励机制，及时肯定学生的进步，激发学生的学习动力和自信心。

（上海市控江中学提供）

8. 课前准备很混乱

"丁零零……"两分钟预备铃响起，教室里没有出现应有的安静，反而更喧闹了。

讲台上，小班长已经到位，但是他的口令没有起到丝毫作用。教室的走道上依然有学生往返走动，看似在积极地准备这节课需要使用的学习用品。放眼望去，大多数学生已经回归座位，但课桌上的物品依旧横七竖八，还有几个胆大的学生，依然继续聊着课间没有讲完的话题……

"上课了，没有听见铃声吗？"班主任的责备声响起，教室顿时安静。又一次两分钟预备铃响起，教室里再次出现刚才的情形，恢复安静恐怕还是需要班主任高八度的责备声吧！

如果你是班主任，面对这种情况，应该如何处理？

 分析问题

案例中，两分钟预备铃响起，教室里非常乱，学生的课前准备很混乱，小干部形同虚设。要改变两分钟预备铃时教室中的无序状况，班主任要处理以下三个问题：

1. 引导学生了解学习用品需要准备什么，应该如何准备和摆放；
2. 使学生明确铃声响起后应该做些什么；
3. 如何改变小干部形同虚设的现状。

 处理流程

召开班干部会议，共同商讨对策 ⟶ 班级集体讨论，了解课前准备的重要性 ⟶ 师生共读课程表，明确课前准备的要求 ⟶ 开展实际演练，使学生在锻炼中摸清门道 ⟶ 制定奖惩制度，及时评价，树立榜样。

📚 **方法与策略**

1. 利用班会课开展讨论，引起学生对课前准备的重视。

2. 通过制定课前准备清单,明确不同学科对课本、学习用具及其摆放的具体要求。

3. 在实践操练过程中,教师巧用提示语,对课前准备做好及时指导,如下课师生互道再见后,让学生加上一句"拿好书,上厕所"。

4. 班主任及时到位,帮助小班长维持班级纪律,并进行评比,及时表扬做得好的个人和小组。低年级的学生喜欢这种激励方式,会慢慢养成良好的习惯。对于一些贪玩、屡教不改的学生,可以给予一些小小的"惩罚",比如让他做监督员,下课检查全班同学的课桌。

5. 指导学生把课桌收拾得井井有条,不仅是做好课前准备的需要,还对学生提升修养大有益处。

 细节提示

第一,针对学生的年龄特点开展合适的课前诵读,低年级以儿歌、古诗、三字经等内容为主,高年级则以背诵名人名言、古诗诵读为主;第二,对于个别自我管理能力比较弱的学生,应给予更多的关注,注意长效管理,也可以请其他学生及时提醒和帮助,班主任也要及时抽查。

 专家点评

课前准备包含了学习用品准备、生理准备、心理准备和思维准备。案例提供的方法有各科学习用品清单和提示语"拿好书,上厕所",对学生充分做好课前准备有重要作用。但是课前准备还可以更多一些,课前准备不局限于学习用品、生理准备和一颗安静的心,还有思维准备。如何引导学生利用好课前准备的时间,回顾旧知识,质疑新知识,做好课堂学习准备,而不是单纯地、机械地准备和背诵,值得进一步思考。

(上海市虹口区广灵路小学提供)

9. 不一样的教师评价

同样是小学三年级学生，在作文中都表达了同样的愿望：希望自己将来能做马戏团的小丑。一位教师的评语是："胸无大志，真没出息！"另一位教师的评语是："愿你把欢笑带给全世界！"

请你对两位教师的评语分别作出评价，如果你在现场，应该怎么办？

 分析问题

案例中，呈现了两位教师的评价，显然第二位教师的评价更适合。第一位教师的评价不仅伤害了学生的自尊心，还给学生灌输了"工作有尊贵和卑贱之分"的思想，给学生灌输了一种错误的价值观。第二位教师的评价体现了对学生的尊重以及对学生的个性发展的鼓励。

 处理流程

组织关于职业观和教师评价的研讨 ⟶ 明确教师评价的功能和方法 ⟶ 引导第一位教师更新职业观念和学生评价观 ⟶ 反思自身日常的学生评价。

方法与策略

1. 组织两位教师研讨职业选择的话题，帮助第一位教师树立职业无贵贱的职业观。

2. 组织教师评价讨论、主题学习和案例反思，了解教师评价的功能，明确教师积极评价与消极评价对学生产生的不同影响。

3. 引导第一位教师思考"如果你是这位学生，听到这样的评价会怎么样"。通过共情帮助该教师体会积极评价学生的作用，引导该教师树立正确的学生评价观。

4. 反思自身的学生评价行为，加强对学生综合发展的全方面评价，更新评价观和评价方式。

细节提示

第一，在指出他人观念和评价行为的不当之处时，教师要注意语气和交流策略，不能伤害和谐的同事关系；第二，在指出他人不当之处时，教师也要反思自己在日常教育教学中是否存在类似情况，及时反思自己的学生评价行为，树立正确的评价观。

 专家点评

从两位教师不同的评价中可以看到两种不同的职业观和学生评价观。从加德纳多元智能理论来看，个体智能不是单一的，而是多元的，每个个体在不同智力领域中各有优势与不足。当代社会的人才需求也是多元的，这就要求教师关注学生的个性发展，尊重和肯定不同的职业价值。首先，教师要以身作则，树立职业平等观；其次，教师评价具有导向、激励、改进等作用，消极、负面的评价将会直接挫伤学生的自尊心和学习积极性，教师应善用学生评价。

（上海市青浦高级中学提供）

10. 教师课堂情绪的失控

生物课上，赵老师发现小 A 不在听课，一直埋头做自己的事情。他走到小 A 的身边，看到他正在看课外书。赵老师让小 A 把书收起来。过了一会儿，赵老师发现小 A 仍然我行我素，只不过把课外书放在课桌里罢了。赵老师生气地说："上生物课你怎么看其他书，把书交上来。"但小 A 坚决不肯。赵老师气急了，说道："要么你上交书，要么就不要上我的课。"小 A 站起来，说："谁稀罕上你的课。"说罢走出教室。赵老师气得头昏脑涨。

如果你是这位赵老师，面对这样的情况，应该如何处理？

分析问题

从案例的描述可以发现以下三个问题：首先，小 A 对赵老师的教学不认可，或者说对赵老师不认可；其次，小 A 是比较成熟的初中生，有较强的自我意识，不受规则约束，我行我素；最后，赵老师的课堂情绪失控，正常的教学秩序被打乱。案例中，教师的失误之处是没有控制住自己的情绪，正常的课堂秩序被打乱，在学生心中留下了冲动、易怒的形象。

处理流程

了解学生翻阅课外书的情况，并作出正面回应 ⟶ 管控自身的课堂情绪 ⟶ 请学生入座，下课后与其深入沟通交流 ⟶ 针对学生的行为动机，制定针对性方案。

方法与策略

1. 翻阅学生阅读的课外书的书名和目录，了解大致内容。如果内容积极向上，可以让学生暂停阅读，或者用轻松的语气请学生课下与教师一起阅读；如果内容不适切，可以清晰指令学生放下课外书，但暂时不做过多的批评，也不必当场讲原因，课后寻找时机和学生一起分析课外书的内容。

2. 通过深呼吸、注意力转移等方式，控制课堂情绪，保持微笑，开展正常的教学。

3. 课后沟通交流，了解学生的行为动机。课后找学生谈话，先从他的优点说起，比如喜欢什么运动等，拉近师生关系；然后，分析本次事件，指出他的行为对班级及其个人的不良影响；最后，鼓励他利用下节课前 2 分钟，在全班学生面前重塑自己的形象。

4. 根据学生对自己课堂教学的建议，完善课堂教学设计与教学活动组织，提高课堂教学吸引力，重新赢得学生的尊重与喜爱。

 细节提示

第一，教师应注重课堂情绪的管控，做课堂的引导者和秩序的掌控者；第二，根据近因效应，斥责学生不当的课堂行为后，也要给予安慰。正面回应的结束语要妥帖，重视鼓励与建议，不要使用命令式、惩罚式结束语，否则容易引发学生的逆反心理。

 专家点评

初中生的自我意识比较强，有较强的叛逆情绪。因此，教师在全班学生的面前要及时作出回应，指出行为错误时，应注意控制课堂情绪，尽量减少与学生产生正面冲突，具体事情下课后再沟通。这样既能保护学生的自尊心，也能了解详细情况和制定处理方案，在学生心中树立正面的问题处理者形象。在日常教育教学过程中，注意与学生建立亲密的师生关系，这样学生才会信任和尊重教师，主动把内心的真实想法告诉教师。

（上海市静安区教育学院提供）

中小学
教育篇

  以学生发展为本的教育，其核心是遵循学生的成长规律，尊重学生的个性化发展需求。那些看似狂热追星、迷恋网游、孤傲、自卑、好动、抑郁的学生，其实都有深层次的原因。教师除了要有一颗包容之心，还应该用哪些策略帮助各种各样的学生顺利走过童年、少年和青春期，培养正确的人生观和价值观呢？下面的案例将逐一道来。

1. "绿色惩戒"策略

午饭前,小周认为小李抢了他的纸飞机。两人因此打了一架,结果还撞翻了前排同学的一盒饭。教师走进教室,看到他们狼狈的模样以及一地的饭菜,强忍怒气,询问原因。不料,小周竟理直气壮地说:"谁让他抢我的纸飞机?他不抢,我是不会打他的!"说完,还仰起头,好像把他全身的"刺"都竖起来备战了。

如果你是教师,应该如何处理这种情况?

分析问题

案例中,小周和小李因一架纸飞机而大打出手,并影响了其他同学就餐。小周面对教师的询问不仅不承认错误,还强词夺理。在这个事件中,教师要处理以下三个问题:

1. 确认小李是否抢了小周的纸飞机,并弄清事件的原因;
2. 如何让小周认识错误,引导他用正确的方式处理同学矛盾;
3. 如何化解小周和小李的矛盾,并借此机会开展教育活动。

处理流程

弄清事件的原因 ⟶ 运用"绿色惩戒"策略,让学生用因果句型或转折句型回顾自己的行为,明确各自行为的不当之处。

方法与策略

1. 请小周和小李分别用"因为……所以……"句型陈述打人和抢纸飞机的原因。教师严而不厉,引导小周说出"因为什么,所以我动手打了同学",让其在陈述理由的过程中认识到行为的不当之处。让小周一起听听小李的解释,"因为我看他拿纸飞机在走廊里跑,怕他的纸飞机飞到楼下,楼下的同学会说我们乱扔废纸,所以才抢了他的纸飞机"。

2. 教师及时回应,抓住时机开展正面教育。表扬并启发小李同学:"你有很强的集体荣誉感！这很好！但是，如果你想制止小周的行为，除了抢他的纸飞机外，还可以怎么做呢？"

3. 请小李和小周分别用"虽然……但是……"句型陈述各自行为的不当之处。如"虽然他抢了我的纸飞机，但是我不该打人""虽然他玩纸飞机行为不当，但是我不应该抢他的纸飞机"。

4. 趁热打铁，引导学生思考合理做法。引导两名学生正确认识处理同学矛盾的合理做法。最后，小周红着脸向小李鞠躬道歉，两人和好如初，围观的同学也受到了明辨是非、睿智友善的教育。

 细节提示

实施"绿色惩戒"时，教师要巧妙地利用学生近期学习的知识，既能帮助学生认识错误，又能巩固知识，学以致用。

 专家点评

这位教师运用了"绿色惩戒"策略，巧妙地对学生进行教育，其春风化雨的教育方法值得赞美。这个案例也启示教师要不断尝试新的德育教育途径。

（上海市江宁学校提供）

2. 追星与健康成长

班级中有相当一部分学生迷上了韩流明星，他们一下课就围在一起，热烈讨论他们的偶像，话题从明星的个人资料到表演内容，无所不包。午休时，教室里一群W明星的粉丝又围在一起。

小孙说："W明星又出新专辑啦，里面的舞蹈超炫啊！"
小张说："是啊，真带劲，我也想学。"
小李说："那简单，放学到我家来，咱们一起学。"
小张说："可是今天作业好多，我来不及刷题了。"
小李说："没关系，我已经做好了，等会儿借你抄。"
正在此时，大家忽然发现班主任正站在他们身后，大家面面相觑。
如果你是班主任，应该如何处理此事？

分析问题

案例中，班主任如何巧妙地接住学生们讨论的话题是一个值得探讨的问题。严厉的批评会使师生之间的距离渐行渐远，而帮助学生培养良好的兴趣爱好以及正确处理爱好与学习之间的关系是教育智慧的具体体现。

处理流程

参与学生们的讨论 ⟶ 通过班干部会议，了解班级相关情况 ⟶ 个别约谈 ⟶ 开展各项教育活动 ⟶ 达成共识 ⟶ 观察学生的变化。

方法与策略

1. 班主任可以先装作没有听清楚大家之前的话题，暂时回避抄作业问题，询问大家正在聊些什么，接着参与讨论，缓解学生的尴尬情绪。
2. 召开班干部会议，了解班级中的追星情况。
3. 单独约谈因追星而影响学习的小张，了解他此时的想法和今后的打算。
4. 单独约谈小李，分析借作业给同学抄的利与弊。

5. 开展以"追星会影响我们健康成长吗"为辩题的辩论赛,讨论追星的利与弊,引导学生正确追星和健康成长。

 细节提示

第一,青春期学生正处于自我发现和确立价值观时期,他们尤其需要一个模式作为参照,教师不可过于苛责,应先了解学生的想法,与学生充分沟通;第二,教师要引导学生树立正确的追星观,不盲目追星和疯狂追星,也不忽视生活与学习,要善于学习偶像积极的人生态度,汲取自我不断成长的力量,使自己最终成为更好的自己。

 专家点评

偶像崇拜是青春期学生中的正常现象,尊重是教师开展后续引导和教育的前提。教师不妨将这一现象视为学生的兴趣爱好,全面深入地了解情况后,可以尝试把学生崇拜的偶像身上的优点和特长转化成正能量的教育资源。同时,利用好班会、艺术节、运动会等恰当的时机,开展更符合班级特点以及学生自我表达和自我展示需求的教育活动。以活动育人,以思维碰撞获得共识,从而对学生进行正确的引导。

(上海市杨浦区教育学院提供)

3. 搭建亲子沟通平台

毕业前夕，中职生小孙在一家酒店实习。下午，他在酒店更衣室换工作服时，想起上班之前为了买苹果手机和父母之间产生的口角，郁闷的心情导致他情绪一时失控，举起拳头，一拳砸向衣柜的镜子，镜子的碎片划破了他手腕的静脉血管，顿时鲜血直流。好在发现及时，经医院紧急缝针和治疗抢救，小孙脱离了危险。

假如你是小孙的实习指导教师，遇到这种情况，应该如何处理呢？

 分析问题

案例中，事件初看起来是一个手机引发的学生情绪发泄问题，其实整个事件更深层的问题是孩子与父母之间的沟通出现了障碍，教师必须及时干预和疏通。在这一事件中，教师要处理以下三个问题：

1. 及时把小孙送到医院就诊；
2. 与小孙父母沟通，给他们提供必要的建议和指导；
3. 调节小孙和父母的关系，解开沟通不畅的心结，建立和谐融洽的亲子关系。

 处理流程

及时把小孙送到医院就诊 ⟶ 上门家访，关心小孙的康复情况，并与家长沟通，了解情况 ⟶ 个别沟通，了解小孙的想法，及时开展心理疏导 ⟶ 指导小孙家长与小孙解开心结，建立融洽的亲子关系。

方法与策略

1. 在小孙的伤情得到及时治疗后，教师应进行家访。通过家访可以真正了解学生和家长在家庭中的沟通状况以及各自对本次事件的想法。
2. 借助学校心理教师的力量，在合适的时间在小孙父母和小孙之间搭建沟通交流的平台。

3. 通过沟通和交流，让双方敞开心怀倾诉自己在家庭中的委屈和烦恼，引导双方产生共情。

4. 通过学校心理教师的指导，了解孩子和家长沟通不畅的原因以及有效沟通的专业建议。

5. 继续跟踪并观察孩子和父母之间的沟通状况，给予必要的建议和指导，帮助他们建立和谐融洽的亲子关系，并随时进行新的心理疏导。

细节提示

学生遇到情绪问题时，教师应该充分理解，并善于利用学校专业心理教师的力量，帮助学生解决情绪问题，专业的心理疏导可以起到事半功倍的作用。

专家点评

偶发事件发生后，教师先要了解事件的即时状况；然后，要充分了解事件发生的原因，采取针对性的解决策略。教师不仅担负着教育学生的职责，还要引导家长重视家庭成员间的有效沟通，并帮助他们建立和谐融洽的亲子关系。

（上海市浦东新区工读学校提供）

4. 他爱我但我不爱他

最近，性格开朗的男生 A 经常无缘无故对同学发脾气，各科教师也反映他上课发呆，成绩下滑。班主任从侧面了解到，原来男生 A 喜欢上了女生 B。然而，B 对 A 并没有产生情愫，原先 B 对 A 的态度和对所有同学一样温和有礼，但当 B 知道 A 对她产生了"想法"后，B 为了避嫌对 A 的态度冷淡了很多，并且刻意在一些场合避开与 A 正面交流。

假如你是班主任，应该如何处理这种情况？

分析问题

早恋是大多数青春期学生都会经历的事。班主任要对他们进行正确的情感引导，而不是直接制止学生的这种感情，以免事态变得不可控制。

处理流程

引导 A 对"感情"有正确的自我认识 ⟶ 引导 B 对 A 恢复恰当的态度 ⟶ 及时疏导 A 的情绪，并进行后续的帮扶。

方法与策略

1. 私下沟通，了解 A 对 B 的情感认知。在不惊动同学、家长的情况下，和 A 聊一聊他的感情。教师要和颜悦色，拉近与学生的距离，打消他的戒心。A 很坚定地相信自己因为 B 的才华而产生的爱慕之情是真挚的，班主任应给 A 重新审视自己感情的机会，约定一周后再交流。

2. 采取正面说理、启发诱导的方法。以身示范，讲述自己对感情的认识，并引导 A 认识自己的行为对 B 造成的不良影响。劝导 A 可以通过参加集体活动、社团等充实生活，将爱慕之情转移到丰富的业余活动中。

3. 寻求支援，邀请 B 一起帮助 A 走出困境。与 B 交流，解开她的心结，并说服 B 出于同学友情，和班主任一起帮助 A 走出困扰，以平和心态对待 A，不歧视，不逃避，也给 B 冷静思考和选择的时间。

4. 再次沟通，正向引导 A 合理转移情感。一周后再次与 A 沟通，如果 A 还坚持自己的感情认知，班主任可以恩威并用，多关心他的学习和生活，用支持疗法引导他正确理解情感认知，引导他把这份感情转化成学习动力。

 细节提示

第一，青春期学生对爱情产生懵懂的向往和追求是正常现象，班主任在与学生交流的过程中不宜直接否定学生，这样只会适得其反；第二，在尊重学生情感需求的前提下，多方尝试和学生进行有效的沟通。

 专家点评

班主任首先要尊重学生的情感需求，在尊重的前提下，和家长一起对学生进行有效的沟通和疏导，适当的时候可以借助心理教师的力量，多管齐下，帮助学生顺利度过青春期的情感冲动阶段。

（上海音乐学院实验学校提供）

5. 走出考试失败的阴影

小明学习刻苦，经常熬夜背英语单词，目的就是想尽快提高英语成绩。但现实与理想总有差距，每次考试，他的成绩都不遂人愿，这给小明造成沉重的心理负担。他几次向班主任表示："为什么我总是走不出考试失败的阴影呢？"

如果你是班主任，应该怎样帮助小明走出考试失败的阴影？

分析问题

案例中，小明学习非常刻苦，但是学习收效甚微。在这一事件中，班主任要处理好以下三个问题：

1. 疏导和缓解小明沉重的心理压力；
2. 向英语老师了解小明在校学习英语的情况；
3. 向家长了解小明在家学习英语的情况。

处理流程

对小明进行心理疏导 ⟶ 向英语老师了解情况 ⟶ 与家长沟通 ⟶ 安排学校心理教师进行心理咨询 ⟶ 后续跟踪辅导。

方法与策略

1. 班主任及时找小明谈心，告诉他学习上谁都有过失败，失败后产生难过、沮丧的心理是正常的，不必过于焦虑，并引导小明冷静地分析自己英语学习的薄弱点，调整学习方法。

2. 向英语老师了解小明的情况，并请英语老师对症下药，给予小明学习上的辅导。

3. 与小明家长沟通，了解小明在家学习英语的情况，引导他们对小明的英语学习少批评、多鼓励，增强小明的学习自信心。

4. 安排学校心理教师对小明进行心理咨询和疏导，及时表扬小明的闪光点，缓解小明的学习压力，做好跟踪辅导和记录。

细节提示

第一，在家校教育上达成共识，形成合力；第二，后期做好小明英语学习和心理变化的跟踪和辅导工作；第三，教育辅导过程要有记录。

 专家点评

在当代社会，学习很重要，但学会学习更重要。案例中，班主任开展心理疏导，并寻求英语老师的协助，从学习心理与学习策略上帮助小明走出考试失败的阴影，提高学生学习效率的方法与策略比较齐全。如果能加上同学互助交流学习的力量，也许会起到事半功倍的效果。

（上海市莘光学校提供）

6. 后进生也能成才

小王经常迟到、旷课、玩游戏、打架等,学习成绩门门"挂红灯"。班里同学见了他都躲得远远的。尽管教师多次教育,他虽然偶尔有些进步,但没过两天就又恢复原样了。

然而,小王却是百米赛跑的速度超人。在校运会上,他连续两年获得百米赛冠军,为班级争光。除此以外,他还特别喜爱画画,在象棋方面的表现也非常出色。

如果你是小王的班主任,应该如何对待这样的学生?

分析问题

案例中,小王虽然成绩差,经常惹事,但在跑步和绘画上天赋极佳。班主任在转化后进生方面遇到了矛盾。后进生在心理需求与现实状况上往往存在以下三种矛盾:

1. 渴望得到但往往得不到别人的尊重;
2. 好胜心强,但在课业和人际交往中往往不能尽如人意;
3. 有上进心,但意志薄弱。

处理流程

通过观察、调查等方式,深入了解学生 ⟶ 和学生建立互信的师生关系 ⟶ 密切家校联系,及时沟通和商讨对策 ⟶ 发挥班集体的力量。

方法与策略

1. 确立后进生也能成才的信念,坚信没有教不好的学生。
2. 通过观察、访谈等方式,深入了解后进生的心理特征。
3. 通过观察、作业分析等方式,及时捕捉后进生身上的积极因素。
4. 创造条件,引导后进生展示自我,并帮助他们出色地完成任务,从而获得成功体验,赢得同学尊重。

5. 及时与家长联系，寻找后进生身上的闪光点，并通过各种有效方式进行激励和促进，增强学生的自信心。

 细节提示

第一，主动与学生建立良好的师生关系，这是做好后进生转化工作的重要前提和条件；第二，要全面、辩证地看待后进生，挖掘后进生身上的积极因素，在该生进步时，应及时给予表扬和鼓励；第三，争取家长的配合与支持，增强学生的自信心，并发挥班集体的力量。

 专家点评

案例中，班主任对后进生转化的策略主要是赏识教育。在后进生的教育中，首先，师生之间建立信任，这种信任可以通过肯定后进生的闪光点来实现；其次，了解后进生现状的形成原因，对症下药；最后，及时鼓励和肯定后进生的进步，关键时提供帮助和指导。班主任要引导后进生把学习获得感和学习热情持续保持下去，进而转化成良好的学习习惯。

（上海市奉贤区华亭学校提供）

7. 被孤立的孩子

小丽每天都披着一头长发到校,长发上常常有些许头屑。她平时总是一个人坐在座位上看书,很少与人交流。

班级春游时,同学们自由分组,小丽落单,班主任把小丽安排到班长所在的小组。

一天,班主任刚进班级,就看到一名男生在传本子时,忽然间好像手上碰到脏东西似的,将这本本子扔到教室后排的空地上,周围还有一堆男生起哄。班主任将本子捡起,发现本子正是小丽的。小丽桌上的书也都掉在地上了,她正在把书一本本捡起来。

作为班主任,应该如何处理同学之间孤立其他同学的行为?

 分析问题

案例中,展示了常见的校园欺凌现象,小丽被班级同学孤立、冷落、嘲笑和戏弄。班主任要处理以下三个问题:

1. 了解同学们对小丽的看法以及事情的前因后果,同时让当事男生向小丽道歉;
2. 与小丽及其家长沟通;
3. 创建平台,让小丽能够和同学融洽相处。

 处理流程

与小丽、个别男生以及其他学生沟通,了解事情的前因后果 ⟶ 开展批评教育,指出当事男生行为的不当之处 ⟶ 与小丽私下沟通,了解小丽的真实想法 ⟶ 与小丽家长沟通,了解问题的根源 ⟶ 多管齐下,帮助小丽养成良好的个人习惯,早日融入班集体生活 ⟶ 开展班级教育,建设和谐班级文化。

方法与策略

1. 批评教育。首先,批评当事男生的行为,并与这名男生谈话,了解他这样做的原因；其次，对这名男生进行教育，让他明白自己的行为是错误的，并向小丽道歉。

2. 了解情况。访谈班干部，了解同学们孤立小丽的原因。得知大家排斥小丽的原因是其生活自理能力差，个人卫生不理想。

3. 个别沟通。和小丽沟通，了解她生活自理能力差的原因。小丽坦言自己内心很不快乐，她想和同学们融洽相处，但不得其法。

4. 约谈家长。了解小丽在家中的表现，再次确认问题的根源。希望小丽父母提高对小丽成长的关注度，使小丽父母明确培养孩子的生活自理能力对小丽的健康成长意义重大，指导家长对此采取具体、有效的措施。

5. 多方借力，多管齐下。第一，家庭方面：指导家长培养小丽的生活自理能力，保持个人卫生。第二，学校方面：借助班干部，开展合作式学习和集体活动，帮助小丽融入班级；关心小丽，创造条件帮助小丽展示自我，让同学了解她优秀的一面；同时，关注班级相互尊重、平等相待的班级文化建设，鼓励同学之间相互帮助。

细节提示

第一，当事男生必须在班级里正式向小丽道歉，借此让全班同学都明白这样的行为是错误的；第二，对于发生在同学之间的孤立行为，班主任一经发现就要及时制止，以免对被孤立同学的心理造成伤害和隐患，不利于班级的安定团结。

专家点评

这个案例包含了偶发事件时对班级同学孤立、欺凌同学问题的处理。第一，班主任充分调动班干部、家庭、班级成员等多方力量帮助小丽建立良好个人卫生习惯，融入集体；第二，班主任关注学生后续的成长指导以及班级文化建设，尝试从根源上杜绝同类事件的发生，其做法可圈可点。

（上海市进才实验中学提供）

8. 被"遗弃"的孩子

初二（4）班来了一位插班生小朱，给班主任周老师带来了很多困扰。小朱学习跟不上，不完成作业，还经常违纪。周老师不明白为什么这样的学生能够插到自己的班级。后来，周老师在学校领导那了解到，原来小朱的父母在他很小的时候就离异了，父母谁都不肯要他。小朱的父亲被迫抚养他，一直怨恨他是一个"拖油瓶"。母亲再婚，父亲因故被劳教后，小朱被亲戚收养后转学至此。

如果你是教师，应该如何处理这种情况？

分析问题

案例中，原生家庭的破裂给小朱带来了深重的心理创伤，于是小朱在青春叛逆期钻了牛角尖，用不当的方式对抗世界，同时又在潜意识里希望引起教师和同学的关注。在这一事件中，教师要处理以下三个问题：

1. 与小朱沟通，了解小朱的情况；
2. 与领养小朱的家长沟通，共商解决策略；
3. 对小朱进行心理疏导，让他感受到教师的关心和呵护。

处理流程

进行家访，深入了解 ⟶ 家校沟通，共商对策 ⟶ 开展学习生活，及时关心 ⟶ 深入沟通，暖爱化冰。

方法与策略

1. 家校沟通，了解小朱在日常生活、性格、亲子关系等方面的具体情况。
2. 心理疏导，解开小朱被"遗弃"的心结，引导小朱体会养父母的关心和爱护。
3. 组织亲子活动，为小朱和养父母"生疏"的亲子关系破冰。
4. 送教上门，向小朱的养父母传授一些亲子之间的互动技巧。

5. 及时鼓励，耐心辅导。对小朱日常衣着单薄、衣衫不整、精神不佳、情绪冲动等情况及时关心，对小朱学习薄弱之处耐心辅导，积极挖掘小朱的闪光点，鼓励他的点滴进步，用爱暖化他脆弱、敏感的心。

6. 搭建平台，为小朱展示自我、赢得同学的尊重和关注创造机会，也在展示过程中帮助小朱重拾自信。

 细节提示

小朱比一般学生早熟、敏感且自尊心强，他希望得到的不是会让他觉得难堪的同情的爱，而是尊重、平等的爱与关注。因此，家长、教师和同学在向小朱表达爱意时，掌握"度"很重要。

 专家点评

这名学生需要教师投入更多的细心、耐心和爱心，必要时也可以进行相应的心理疏导，修补他的心灵之伤。教师要加强与其养父母的沟通，共同为他营造充满爱的成长氛围；同时，教师也可以适时引导他体会和理解别人给予他的爱，引导他学会感恩。

（上海市崇明区东门中学提供）

9. 玩游戏更重要

每到午餐时间，小王总是待在教室里不去吃饭。同学们问他为何不一起去食堂吃饭，他总是支支吾吾说不出缘由。

同学们以为小王可能是家境困难而难以启齿，于是便将此事告诉班主任。班主任与小王的家长沟通后发现，小王妈妈每月都按时给他500元餐费，再就此事询问小王，他说500元餐费遗失了。

直到某天放学，班主任碰巧看到小王进了学校附近的网吧，才发现500元餐费的真实去向。原来小王沉迷于网络游戏，又不想让家长知道，就用餐费去网吧打游戏。

如果你是小王的班主任，应该如何处理这种情况？

分析问题

案例中，小王存在两个问题：一是沉迷网络游戏，二是用撒谎掩盖事实。要帮助小王走出沉迷网络的困境和改掉撒谎的不良行为，班主任要处理以下四个问题：

1. 全面了解小王沉迷网络游戏的原因和程度；
2. 引导小王认识不顾自己的健康和撒谎行为的后果；
3. 与家长商议如何帮助小王走出困境；
4. 举报该网吧允许未成年人进入的监管失责。

处理流程

将小王带离网吧，了解情况 ⟶ 进行疏导和教育 ⟶ 家校联系，商讨有效对策 ⟶ 举报和处理网吧的失责 ⟶ 后期回访，跟踪观察。

方法与策略

1. 与学生深入沟通与交流。心平气和地与小王交谈，摸清小王沉迷游戏的原因和程度。

2. 通过共情去感化学生。班主任动之以情晓之以理，从关心学生身心健康的角度出发，向小王介绍沉迷网络造成的不良后果。

3. 家校沟通，共商对策。与家长联系，共同制定帮助其摆脱网瘾的有效对策，如共同帮助小王开发积极有益的兴趣点，帮助他转移对网络的兴趣。

4. 借助专业力量，开展心理疏导。如有必要，借助专业心理治疗师开展网瘾矫治。

5. 及时回访，跟踪观察。后续，班主任及时与家长沟通，了解小王在家中使用网络的情况，关注小王在校学习和情绪状况，做好日常监护。同时，也要在班级里加强宣传工作，为学生提供更多的社会活动平台，避免沉迷网络游戏。

 细节提示

防治学生沉迷网络游戏，班主任和家长应从预防和矫治两个角度双管齐下。班主任和家长对待学生上网问题应善引导、重监督，作表率、立榜样，常关注、常沟通、常活动，家校共同努力，帮助学生筑起预防沉迷网络游戏之堤。

专家点评

第一，班主任要帮助学生在现实生活中感受到爱并找到归属感。班主任要用真挚的爱心关怀和爱护学生，引导学生找到归属感，帮助学生建立生活自信心，积极地面对现实人生。

第二，班主任和家长要通力协作，在学生的业余时间里安排有意义的活动，充实其生活，引导学生将业余生活的重心从网络游戏转移到丰富多彩、真实可感的现实生活中。

第三，班主任要努力与家长沟通，积极争取家长的配合。青春期学生的心理和生理都在发生变化，恰当的家庭教育以及和谐的家庭环境能促进学生身心的健康成长和成熟。而孩子迷恋网络游戏往往与父母的教育方式有着直接的关系，班主任可以给予家长必要的指导和帮助。

第四，网瘾的戒断治疗往往需要借助专业心理治疗师的力量。

（上海市光明中学提供）

10. 自残必有因

午休时，突然有一位同学慌慌张张地跑进办公室，气喘吁吁地对班主任说："老师，小Z用美工刀划了自己的手腕，出血了！"班主任快速赶到教室，急忙上前查看小Z的伤势。所幸他没有划得太深，左手手腕表皮有些轻微出血。

如果你是班主任，应该如何处理这起突发事件？

 分析问题

案例中，小Z用美工刀划伤了自己的手腕。面对小Z自残的突发事件，班主任要处理以下三个问题：

1. 及时查看小Z的伤势；
2. 了解小Z自残的原因以及事件的经过；
3. 与家长协商对策，避免此类事件的再次发生。

 处理流程

及时送小Z到医务室处理伤口，如卫生教师认为需要送医院治疗，应立刻送医院治疗 → 向年级组长和德育处负责教师汇报情况，并及时与家长取得联系 → 向目击事件的学生了解事发过程 → 与小Z谈话，了解自残的原因，明确自残是偶发事件还是经常性事件 → 与家长沟通，共同商议后续如何处理。

方法与策略

1. 传授情感调节技术，引导小Z移情，如体育锻炼、听轻音乐等。
2. 制订中断自残唤起状态计划，对于重度患者，帮助他们识别高风险时段、高风险情绪状态以及引发事件。
3. 制定短时契约，如洗澡时保证安全，如厕时保证安全等；
4. 营造安全环境，尽量避免伤害性器具出现在小Z的视线范围内，注意营造轻松自然、和谐友爱的学习环境和家庭环境。

5. 引导其他学生正确对待小Z，不歧视，不非议，以平和态度尊重并接纳小Z，帮助小Z融入集体。

 细节提示

第一，明确小Z自残行为是偶发事件还是心理疾病下的经常性事件，性质不同，处理方式却相同；第二，加强与家长沟通，家校同步，教育效果更好；第三，发挥同伴的积极作用，同龄人的肯定和接纳对青春期学生来说尤为重要。

 专家点评

青春期学生的心理十分复杂，易冲动、焦躁，也异常敏感，容易通过自残等极端行为宣泄情绪、博得关注、对抗挫折与压力等。一经发现学生有自残行为，班主任和家长需要格外关注，分析自残行为背后的心理原因，以防学生自残成瘾。如有必要，请专业心理教师介入。

（上海市辽阳中学提供）

11. 学生自述有抑郁症

星期一早上6点钟，班主任收到小A发来的微信：老师，我今天身体有些不舒服，不想去教室了，我想在寝室里休息一天。班主任回复她：身体不舒服一定要去医务室看一下，确定病情，并按照医生的建议休息。她又回复：老师，其实我有抑郁症。我今天心情非常糟糕，我只想休息一天。

如果你是班主任，应该如何处理这种情况？

分析问题

案例中，小A以自己有抑郁症为由，向班主任请假，不去上课。在这一事件中，班主任要处理以下五个问题：

1. 了解小A判断自己有抑郁症的依据是什么；
2. 了解小A近期学习、生活、心理状态究竟如何；
3. 了解小A的家庭状况，父母对她的状态是否知情；
4. 了解学校对类似同学有哪些帮助措施；
5. 后续如何跟进关心工作。

处理流程

与学生面谈，了解学生目前的情况 ⟶ 联系家长，了解学生在家的情况 ⟶ 请心理辅导教师对其评估 ⟶ 评估后，若有必要，建议家长及时送医诊治 ⟶ 学生返校后，给予关心、爱护和帮助。

方法与策略

1. 电话联系小A或直接到小A的寝室与其谈心，了解其学习、生活、交往和思想等方面的具体情况，重点关注她是如何判断患有抑郁症的。

2. 观察小A的情绪反应和心理状态，一般在抑郁状态下的学生会有情绪低落、社交回避、难以调动自己的学习兴趣等表现，严重的甚至还有自伤轻生的想法。

3. 与小 A 的家长联系，进一步了解小 A 近期在家中的学习生活情况以及家长对小 A 状态的反馈。

4. 向心理辅导教师了解有关情况，酌情带小 A 与心理辅导教师会谈和评估。

5. 经过心理辅导教师评估后，若小 A 抑郁状态明显且需要进一步诊治，立即联系家长，建议家长送医诊治。

6. 进一步跟进学生的诊治情况，了解学生的就诊情况，学生返校后要加强关心，定期交流，给予鼓励与支持。

7. 在班级中指定一两位平时与小 A 关系较好的同学，和小 A 保持联系，及时关心，对其异常情况及时上报。

 细节提示

与家长交流孩子的情况时，班主任要注意谨慎用语，多用"建议"，勿用"一定"。

 专家点评

案例中，班主任的处理过程比较妥当。抑郁症是一种精神类疾病，不能等同于一般的情绪低落，要由专业人员鉴定，并根据实际情况选择治疗手段。

（上海交通大学附属中学提供）

12. 如何兼顾规则和童趣

一次，一年级学生排队放学回家时，排在队伍最后的两名男生说起了悄悄话。小林说："我们在墙上画画吧！"小朱听了，一拍即合。小朱从书包里拿出蜡笔，在二楼楼梯口的走廊墙壁上开始涂鸦，一直画到一楼东大门的墙面。后面其他班级的班主任看到了这一幕，立即告诉这两名男生的班主任。

如果你是班主任，应该如何处理这种情况？

分析问题

案例中，小林和小朱在学校的墙面上随意涂鸦。这个事件中，班主任要处理以下三个问题：

1. 根据低龄学生的年龄特征，向学生了解情况；
2. 如何在保护学生童趣的基础上培养规则意识；
3. 如何与家长沟通。

处理流程

与两名当事学生沟通，了解事件的情况 ⟶ 上报学校，联系家长 ⟶ 家校协商解决方案 ⟶ 开展心理疏导，保护低龄学生的童真童趣 ⟶ 开展主题教育，遵守学校规则，爱护公物。

方法与策略

1. 了解情况，开展个别教育。第一时间让两名学生陈述事情发生的经过，说出做这件事情的想法，并进行笔录，对他们破坏公物的行为进行正面教育，指出小林"教唆"同学破坏公物行为的不当之处。

2. 联系家长，告知情况，并与家长进行面谈。第一，请两位家长看一下现场的情况；第二，请两位家长听一下孩子的陈述，陈述内容要与在班主任面前说的一致；第三，班主任在与家长沟通时，说清两名学生分别错在哪里；第四，指导家庭教育，引导家长保护孩子的童趣，不能过分指责孩子的行为，但要在家庭教育中引导他们遵守校规，爱护公物。

3. 及时将这一事件上报政教处和总务处的相关负责教师，商讨赔偿修补费用。

4. 开展心理疏导，呵护学生的童趣。在指正学生的不当行为时，还要关注学生的情绪状态，保护学生探索世界、表达自我的童真童趣，引导他们选择正确的方式。

细节提示

第一，要培养学生热爱学校、不破坏公物的意识；第二，在全班学生面前开展宣传教育；第三，对两名学生进行心理辅导，保护学生的童趣和积极性。

专家点评

规则和童趣其实并不冲突。一方面，班主任要肯定学生的天性和童趣；另一方面，也要帮助学生找到释放天性的正确途径，如开辟涂鸦墙、开展涂鸦比赛等，从而培养他们成为守规则、有公德、富有创造性的好公民。面对低龄学生的涂鸦行为，班主任不仅要开展规则教育，也要对学生进行心理疏导。

（上海市黄浦区教育学院附属中山学校提供）

13. 寝室人际关系

高一进校不久，住宿女生小王来到办公室，说道："老师，我现在感到很困惑。寝室成员间为了一些小事斤斤计较，有一点矛盾就互不理睬，有时为了达到某种目的又互相利用。生活在这样的寝室很难受，影响到我的学习和生活。为什么大家都那么虚伪？为什么大家都不说真心话？我真不知道该怎么处理。"

如果你是教师，应该如何处理这种情况？

分析问题

案例中，小王表达了对寝室人际关系的不满。当今学生绝大多数都是独生子女，以自我为中心，很少顾及他人感受。因此，在寝室成员相处过程中，经常会出现矛盾与冲突。作为教师，要处理以下两个问题：

1. 安抚小王的情绪，引导她正确看待寝室人际关系；
2. 核实情况，引导学生开展正确的人际交往。

处理流程

了解情况 ⟶ 沟通交流，积极引导 ⟶ 开展心理疏导，引导学生正确看待寝室人际关系问题 ⟶ 跟进指导。

方法与策略

1. 与学生沟通，善用倾听，了解情况。第一，不要仓促下结论和作判断，应该更加仔细地了解事情的来龙去脉。可以找其他学生了解一下真实的情况，掌握更多的信息。第二，专心倾听。一个满腹牢骚、怨气冲天的人往往容易在一个有耐心、有同情心的倾听者面前被"软化"，变得通情达理。第三，面带微笑。教师在与学生交往过程中，脸上常带三分笑。如此一来，不管多么困难的场合，都能轻松应对，获得学生的好感。

2. 引导学生正确看待寝室人际关系。第一，加强交流。由于大家都刚进校,彼此还不太了解,所以学生之间有可能产生误解或戒备心理。要增进彼此的了解,就要加强交流和沟通,建议学生课余时间多开展寝室活动,增进了解,加深友谊。第二,宽容别人。引导学生换位思考,能宽容他人的缺点和错误,不要斤斤计较,这样别人会很感激,并愿意进行交流。第三,完善自我。搞好同学关系,先从自己做起,如习惯面带笑容、多多帮助别人、善于赞美别人等,那么同学之间的愉悦度将会大大提升。

 细节提示

必须全面了解并掌握事情的真实情况,不能只听一面之词。

 专家点评

寝室就是一个微型社会。教师作为学生发展的引路人,一方面,加强寝室文化建设,传授人际交往技巧,引导学生建立和谐的人际关系;另一方面,引导学生正确分析问题,学会自我反思,学会宽容与谅解。关于这两点,案例中提供了很好的解决办法。

(上海市松江第二中学提供)

14. 消极的人生观

小A，初中很优秀，担任班长和大队委员，小提琴十二级。可进入高一后，她不愿承担班级任何工作，对教师的解释是："在我看来，做什么事都没意思！为了父母想要的，我努力地做着……"甚至有一次对全班同学说："人活着没意思！社会是阴暗的，我们是为别人而活的……"

如果你是教师，面对心理消极的学生，应该怎么办？

分析问题

案例中，小A表现出消极的人生观。在这一事件中，教师要处理以下三个问题：

1. 了解造成小A心理问题的原因；
2. 逐渐帮助小A改变消极认知，疏导小A的负面情绪；
3. 和家长沟通，得到家长的积极配合。

处理流程

及时沟通，分析原因 ⟶ 开展情绪疏导 ⟶ 家校协同 ⟶ 挖掘兴趣点，激发生活动力。

方法与策略

1. 通过各种渠道了解小A的心理现状以及问题产生的原因。
2. 反复与小A交流，疏导她的负面情绪，让她放松心态，敞开心扉。
3. 与家长深度沟通，对小A的心理问题取得共识，得到家长的积极支持和配合。约定今后不给她过多的学习压力，要从身心健康角度出发为她着想。同时，建议父母给小A创设宽松和谐的家庭环境。
4. 多与小A进行人生价值观的探讨，帮助她正确认识自身的心理偏差，逐渐使小A接受正能量。
5. 组织业余活动，鼓励小A积极参与、展示自我，并从中找到新的兴趣点,激发她的积极性,使她在自我实现与自我追求中获得满足感。

 细节提示

案例中,小A如此强烈的负面情绪往往是长时间慢慢积累形成的。因此,改变此种心理最需要的是足够的爱心、耐心和信心,用一种"润物细无声"的方式,逐步产生潜移默化的影响,帮助学生走出心理困境。

 专家点评

这个案例提示教师关注优等生的心理问题。其背后的原因可能是家长过重的胜负心转嫁或家长把成绩和特长等级作为孩子的评价依据。首先,教师要关注家庭教育,引导家长以平和的心态对待孩子的成绩和兴趣发展,"允许犯错""允许做得不好";其次,教师也要及时开展心理疏导,提高学生的抗挫折能力;最后,教师要多组织班集体活动,引导学生在活动中放松自己、展示自己,体验生活乐趣,从而消除悲观、负面情绪。

(上海市洋泾中学提供)

15. 好动的小颜

班里有位叫小颜的学生，每天一上课，总能看到他左顾右盼、东张西望的样子，屁股底下像是有钉子似的，总也坐不住。他好像一直处于未断奶的阶段，从手指到指甲再到红领巾，甚至水笔和笔盖，没有一处没品尝过味道。不是抓耳挠腮，就是躺倒不动。作业也是一如既往的拖拉或不做，同学们不愿意和他交朋友，任课老师对他都避而远之，父母也是无能为力。

如果你是教师，应该如何处理这种情况？

 分析问题

案例中，小颜是一个注意力不容易集中、爱做小动作、作业拖沓的学生。出现这一问题的原因主要有以下两方面：

1. 小颜的性格特点或存在心理健康问题，注意力容易分散，情绪不稳定，好动；
2. 家长与教师教育的缺失，未帮助小颜养成良好的行为习惯，放任自流。

 处理流程

全面沟通，了解小颜好动以及作业拖沓的原因 ⟶ 家校沟通，共商对策 ⟶ 如有必要，寻求专业心理力量的支持 ⟶ 日常观察，及时指导。

方法与策略

1. 抓住时机，及时表扬。只要小颜举手发言，教师应尽可能请他回答，朗读任务也尽量交给他。通过任务和课堂问答吸引小颜的注意力，使他获得更多的成功体验，激发学习兴趣。
2. 打"持久战"，专攻学生的心理。帮助小颜树立自尊心，使他逐渐认识到捣乱虽能博得关注，但认真学习更能赢得教师与同伴的肯定。同时，在班中形成良好的舆论氛围，建立学习小组，唤起大家的关爱心。
3. 充分利用学生过剩的精力。对于"课堂活动"过多的学生，教师要进行正面引导，使他们释放过剩的精力，如设置擦黑板、倒垃圾等任务，课间多组织跑步、打球等活动。

4. 采用亮点诱导。在肯定小颜优势和长处的同时，充分发挥他的特长，使其看到自身的发展潜力，从而产生积极的学习动力。

5. 走进家庭，指导家庭教育。家访后，教师发现小颜的父母工作繁忙，很少有时间陪伴小颜，缺少对小颜日常行为习惯的培养。因此，建议小颜的父母多陪陪小颜，引导他们认识家庭教育的重要性，并建立家校沟通模式，利用微信、短信、电话等方式及时告知小颜的学习情况。

 细节提示

教师要对小颜的不良行为作出科学的判断。如果是行为习惯问题，应开展家校合作，共同引导小颜养成良好的学习习惯；如果是多动症心理问题，则需要寻求专业力量的支持。

 专家点评

教师要矫正学生好动的不良行为，培养学生良好的学习习惯，并不是短期行为。教师可以与学生共同设置一些短期目标，及时观察。表现好则奖励，行为过激则及时批评制止。同时，教师的教育要有一定的弹性空间，允许学生出现反复情况。此外，除了纳入家庭教育力量外，还可以借助同伴力量，成立学习小组，互相监督，共同进步。

（上海市松江第二中学提供）

中小学
管理篇

　　班主任的工作既琐碎又系统，一方面，班级管理涉及的工作千头万绪；另一方面，在集体教育中，学生的发展有科学规律可循。班集体的荣誉要维护，学生的积极性也要保护；班干部的培养要思考，落选者的情绪也要照顾；青春期的躁动要理解，班级文化的营造也要下功夫……班主任的工作往往会处在两难之中，而教师的智慧也可以在化解各种矛盾的过程中得到升华。

1. 学生被敲诈勒索

初一（1）班的班主任李老师发现，班上的小王最近精神很不好。课间休息，小王趴在桌上，不肯出教室。李老师问道："你身体不舒服吗？"小王却含糊其辞。李老师拉着小王准备去医务室，发现小王的表情很痛苦，他的胳膊上有几个烟头印。

李老师大吃一惊，仔细追问，才从小王断断续续的诉说中了解到，原来小王放学后偷着去网吧玩，碰到几个社会上的小混混敲诈，每天都得交钱给他们，否则就要挨打，还被威胁不准报告家长和教师。昨天没给钱，他们就打了小王一顿。

如果你是班主任李老师，应该如何处理这种情况？

分析问题

案例中，小王被社会青年敲诈勒索后，并未告诉班主任。在这一事件中，班主任要处理以下两个问题：

1. 确认小王的具体情况如何；
2. 对小王进行心理辅导。

处理流程

确认小王的身体情况，是否需要送医院 ⟶ 将此事上报学校德育处等相关部门 ⟶ 联系家长，在家长的陪同下报警 ⟶ 与家长共同商量，加强对学生的安全保护 ⟶ 对小王进行心理安抚与疏导。

方法与策略

1. 第一时间通知家长，并关注小王的伤情，如有必要及时送医院。
2. 在征求家长同意后报警，并陪同小王到派出所做相关笔录，让警方介入调查和处理。
3. 上报学校德育处、青保办等相关部门。

4. 安抚小王的情绪，进行心理疏导，消除小王的紧张与不安，必要时可以寻求专业心理教师的帮助。

5. 和家长沟通，建议家长接送小王。如果家长无法及时接送小王，班主任可以安排班上同学轮流陪伴。

6. 在全班范围内做好相关安全教育宣传工作，加强小王的自我防范意识和防护能力。

7. 密切关注小王，及时与家长沟通，做好跟踪回访。

 细节提示

第一，班主任要及时关注学生的情绪状态，并配合警方和学校做好后续调查、取证工作，妥善处理；第二，做好预防措施，加强对学生的安全教育，指导学生如何应对突发事件；第三，做好学校安全管理工作，保证学生在校期间的人身安全，并加强家校沟通；第四，心理教师加强疏导，为小王做好正确的、积极的心理建设。

 专家点评

这位班主任在此次事件的处理上可圈可点之处甚多，尤其是及时对该生进行心理疏导。同时，还可以借机引导学生思考如何正确面对威胁，并传授一些基本的自我保护与防御措施。

（上海市虹口实验学校提供）

2. 报名参赛却受非议

学校运动会即将开始，同学们都期待在这次运动会上有出色的表现，为自己和班级争光。在填写参赛报名表时，却发生了这样一件事。

小A想报名参加"两人三足"比赛，同学们却纷纷反对，理由是：小A的体育成绩一向不尽如人意，如果他参加比赛，班级成绩一定不理想；去年运动会的接力比赛，眼看快要赢了，轮到小A时，他却把棒子掉在地上了，结果……

听着同学们的议论，小A低下了头，一句话都没有说。

如果你是班主任，应该如何处理这件事？

分析问题

案例中，小A想报名参赛，却遭到同学们的一致反对。在这个事件中，班主任要处理以下四个问题：

1. 如何评价小A想报名参赛的行为；
2. 如何评价同学们反对小A报名参赛的行为；
3. 班级选拔和确定运动会参赛人员的标准和依据是什么；
4. 如何正确理解集体和荣誉。

处理流程

肯定小A报名参赛以及反对小A报名参赛的同学的集体荣誉感 ⟶ 引导小A和同学们换位思考，体会对方的初衷和心情 ⟶ 班级讨论，制定选拔和确定运动会参赛人员的标准和依据 ⟶ 对小A进行心理疏导。

方法与策略

1. 第一时间肯定小A和同学们的集体荣誉感。
2. 引导小A和同学们换位思考，体会对方的初衷和心情，达成相互谅解。
3. 全体同学共同商定运动会名单的确定方式，可以借助选拔，也可以借力体育老师;同时创设平台,鼓励每一位学生为班集体作贡献,如啦啦队、后勤保障等。

4. 安抚小 A 的情绪,进行心理疏导,消除小 A 的失落感和沮丧情绪。赞扬他虽然上次运动会出现了失误,但是为了集体荣誉,这次运动会仍然报名参加的不服输精神。

5. 召开有关集体和荣誉的主题班会,组织集体讨论。班主任引导学生认识每个人身上的闪光点,鼓励每一位学生为班集体贡献自己的力量;同时希望每一位学生以平和的心态对待胜负,引导学生树立正确的集体荣誉观。

 细节提示

班主任既要保护学生的集体荣誉感,又要呵护学生参与活动的积极性,更要以此引导全体学生树立正确的集体荣誉观。

 专家点评

这位班主任做得很好,既保护了学生参与集体活动的积极性,又把一个单纯的运动会报名变成如何正确看待集体和荣誉的教育活动,值得为此点赞!这一事件也提醒教育工作者:每一次活动,教师应该为不同能力层次的学生搭建适合他们的平台,力争让每一位学生都有发挥自己能力和表现自我的机会。

(上海市鞍山实验中学提供)

3. 避孕套被带到学校

"老师，小 A 把避孕套带到学校了。"随着这声突兀的报告，七年级某班队伍方阵里一片哗然！班主任竭力保持平静，从一个学生高举的手中拿过避孕套，并放进衣袋，不动声色地维持排队秩序。班主任的眼睛瞥向小 A，他眼神闪烁，脸色尴尬，在与班主任眼神接触的同时，低下了头。这是班里史无前例的情况！

如果你是班主任，应该如何处理？

分析问题

案例中，小 A 将避孕套带到学校，引起全班一片哗然。在这一事件中，班主任要处理以下三个问题：

1. 了解学生带避孕套来学校的原因和经过；
2. 如何向学生和家长作出回应；
3. 如何开展后续教育。

处理流程

与小 A 沟通，了解事情的经过并作出引导 ⟶ 访谈部分学生，了解情况 ⟶ 与涉事学生家长沟通 ⟶ 当天就此事在全班开展教育和引导 ⟶ 进行后续观察并及时反思。

方法与策略

1. 第一时间与涉事学生交谈，全面深入了解事情的经过，并引导学生思考隐私物品的正确处置方式。
2. 访谈部分班级影响力较强的学生，了解他们的想法，并作出正面引导。
3. 与涉事学生家长沟通，交流看法。
4. 德育工作与新闻一样具有时效性，因此务必于当天放学前安排时间对全体学生就上述情况进行正面、积极的教育。

5. 与因班级学生回家转述而产生想法的其他家长做好沟通和交流工作，共同商讨对策，正确客观地看待学生当前出现的青春期现象。

6. 对全体学生进行后续观察，若有相关情况，及时跟进并总结反思。

 细节提示

处理此类问题时，教育者的心态应该是：不上纲上线，不大惊小怪。此类问题有"新""奇""怪"的特征，教育者已经无法完全依赖以往的教育经验，务必与时俱进，常学常新。

 专家点评

这位班主任当时不动声色的做法向学生传递了"这是一件小事，不必大惊小怪"的态度，后续对学生进行的沟通、引导和教育也非常及时和有效。没有必要把一件因为懵懂好奇而出现的小事扩大化，以免使青春期学生产生反向刺激。

（上海市嘉定区迎园中学提供）

4. 打闹中的意外伤害

小周和小钱上厕所回来时,小钱在小周后面做小动作,被小蔡看见了。于是,小蔡就大声告知小周。小周和小钱便打闹起来。

小周率先进入教室后,灵机一动,反锁了教室的门,不让小钱进入。小钱大力推门,试图把门打开。教室的门上嵌有一块长方形玻璃,在受力的情况下,玻璃碎了。玻璃碴落了一地,有的还溅到别的同学身上。

小周顿时呆住,立即开门,并上前询问小钱的伤势。

如果你是班主任,应该如何处理这种情况?

分析问题

案例中,小周和小钱因为打闹而弄碎了教室门上的玻璃,发生了意外状况。在这一事件中,班主任要处理以下三个问题:

1. 了解小钱的伤情,如有必要及时送医院就诊;
2. 了解事件发生的原因和经过;
3. 后续处理教室设施。

处理流程

及时送诊,同时联系家长 ⟶ 上报年级组和德育处 ⟶ 与当事学生和旁观者沟通,了解事件的经过,与涉事双方家长共同协商解决方案 ⟶ 开展安全教育 ⟶ 检查与维修教室设施 ⟶ 回访和跟踪处理。

方法与策略

1. 第一时间将受伤学生送到医务室检查,初步诊断与处理伤情,并拍下该生受伤的照片。
2. 联系小钱的家长,反馈情况。如有可能,请小钱的家长马上请假和班主任一起送小钱到医院就诊。
3. 将事件上报年级组和德育处,并联系副班主任或任课教师,清除玻璃碴，避免二次伤害。

4. 约定时间，引导双方家长相互理解，共同商讨后续事宜。同时，班主任梳理商讨的主要事宜，并提供以往的案例，与家长分析，引导双方协商并达成赔偿协议。

5. 请学校后勤部门及时对教室设施进行安全检查与维修。

6. 开展安全教育，包括课间文明休息教育、同伴文明友爱相处教育、爱护公物教育等。

 细节提示

第一，学生在学校发生意外情况后，班主任要及时与家长沟通，如实反映情况；第二，加强学生的安全教育和安全管理。

 专家点评

安全教育是学生社会交往中的重要一课。班主任抓住自然状态下的教育契机，借助发生在学生身边的意外事件，开展同伴交往过程中的安全教育，具有即时性和情境性，也更具说服力。同时，班主任在意外事件处理过程中，关注家校沟通，并能提前做好沟通与赔偿预案，可以说德育工作做得非常细致、踏实，值得学习。

（上海市蒙山中学提供）

5. 男女生"大战"

一节外教体育课上，教师组织班级的男生和女生进行一场足球比赛。

男生小吴在射门时，不小心踢到了女生小翁的肚子，小翁疼痛难耐，捂住肚子，抽泣起来。小吴并没有明显的道歉行为。

女生们纷纷过来安慰小翁，小顾召集另外两名女生去追小吴，并故意踢了小吴几脚。小吴一味躲闪，并未还手，却喊道："踢球的时候踢到人是很正常的事情，女生根本不会踢球，踢到了就大惊小怪。"

随即爆发了一场男女生之间的谩骂"大战"。经体育老师调节后，"战火"虽熄灭了，但是本应充满趣味性的外教体育课，最终以男女生的不快收场。

如果你是班主任，应该如何处理这种情况？

分析问题

案例中，小吴在踢球时不小心踢到了小翁的肚子，由此爆发了男女生"大战"。在这一事件中，班主任要处理以下三个问题：

1. 调节班级男生与女生之间不和谐的关系；
2. 提升小顾和小吴的个人修养；
3. 指导学生学习关于男女性别的知识与基本礼仪。

处理流程

分别与小顾和小吴沟通，在仔细了解事件经过的同时，引导学生发现自身的问题 ⟶ 召开主题班会，化解男生与女生之间的矛盾 ⟶ 策划一次团队合作活动。

方法与策略

1. 组织相关教育主题的班会课。班主任可以组织一堂关于缓和男女生关系的班会课，可以设计一项活动：分别针对男生和女生，写一写你喜欢的男生或女生是什么样的。通过同学们的心声，给双方提供正确的行为目标，由内而外调整个人行为。班会课结束时，班主任要适当总结，如男生应大气绅士，女生应温柔贤淑等。

2. 个别教育和班级教育相结合。利用晨会、午会、班会等时机，对全班进行礼仪、谦让等品德教育，引导学生正确处理矛盾，学会用和谐的方式解决问题。除了集体教育外，还要对学生进行个别教育。对于小顾，先赞同她为同学伸张正义的做法，然后指出做任何事情前要先进行价值判断，多思多想，不能冲动行事，更不能激化矛盾；对于小吴，引导他为自己的失误道歉，不能轻视同学。

3. 开展系列团队合作活动。团队合作活动可以由班干部策划、班主任指导。团队合作活动的策划原则是：发挥女生心思细腻、热爱人文类书籍等特点，发挥男生动手能力强、热爱体育军事类书籍等特点，相互配合完成特定任务，但要注意不能有较多的肢体接触。

 细节提示

在处理男女生矛盾时，班主任一定要把握平等原则，做到公平公正，才能让男生和女生和谐发展，也能获得学生的信赖。

 专家点评

这场男女生"大战"看似是因为一场足球引发的口角，其实背后隐藏着学生懵懂的性别冲突。随着年龄的增长，学生对男女性别差异有着"我们不一样"的直观认识。由于发育情况的不同，所以初中的男生相较于女生显得稚嫩，往往不懂得"怜香惜玉"，而女生的身高、体型发育较早，在男生面前比较有优势，但心理发育却跟不上身高。此时的男女生对于性别差异尤其敏感，而对于性别的认知却略显不足，所以男女生群体比较容易产生冲突，需要教师多一点耐心，正确对待男女生矛盾。

（上海外国语大学松江外国语学校提供）

6. 言而有信少事端

周二下午第二节课是体育课，小潘因为戴着眼镜跑步不方便，就把眼镜交给小李保管，说好自己跑完后会来拿走。可是，小潘结束跑步测试后没有及时取回眼镜。到了小李跑步测试的时间，小李顺手将眼镜放在操场旁边，就去参加测试了。谁知，已经参加完测试的小谭在旁边玩耍时，不小心踩到了眼镜，眼镜框被踩坏了。

如果你是班主任，应该如何处理这种情况？

分析问题

案例中，小潘把眼镜交给小李保管，事后却未及时取走，而小李也未保管好眼镜，最终眼镜被小谭不小心踩坏了。在这个事件中，班主任要处理以下三个问题：

1. 与小潘沟通，弄清小潘是否会因为眼镜坏了而无法正常上课，并采取相应调整措施；
2. 问清事故发生的缘由及具体情况；
3. 家校沟通，进行责任界定。

处理流程

安排好小潘眼镜配好前的座位，确保不影响他的课堂学习效率 ⟶ 与当事学生和旁观者沟通，了解事情的经过，并做好笔录 ⟶ 联系三方家长，界定责任，协商解决此事 ⟶ 回访和跟踪处理。

方法与策略

1. 及时安置好小潘的座位，确保学生能够正常进行学习活动。
2. 与当事学生和旁观者沟通，了解事情的经过，做好笔录，及时上报学校。
3. 引导当事学生换位思考，尝试谅解同伴，消除内心隔阂，握手言和。
4. 与三位涉事学生的家长沟通，陈述事情的原委，做好家长沟通工作，取得彼此的理解。

5. 约定时间，集中商讨后续事宜，同时班主任拿出往年的案例，与家长分析，协商赔偿方案。

6. 召开班会，就此事展开交流、讨论，引导学生思考同伴相处互信互谅的原则，强化责任意识。

 细节提示

第一，班主任要强化学生的责任意识，并引导学生学习同伴交往的信用原则；第二，意外事件中涉及的主体较复杂，班主任应做好家长之间的沟通工作，相互理解，共同协商，友好地解决问题。

 专家点评

随机进行同伴交往的信用原则教育：第一，要守信，言行一致，说到做到；第二，不轻易许诺，答应别人的事要尽量做到，做不到的要讲清楚，并获得对方的理解；第三，要有责任心，对于自己责任范围内的事情要尽量做到、做好。

（上海市育秀实验学校提供）

7. 被困在电梯里了

学校组织高一学生赴某地进行社会实践考察，统一入住酒店，由班主任和导游共同带队。第二天早上八点，大部分学生已经在一楼吃好早餐后到车上集合了。班主任突然接到小A的电话："老师！电梯——电梯卡住不动啦，我和同学被困在里面了！怎么办？好害怕！"小A的语气很慌乱。

如果你是班主任，应该如何处理这种情况？

分析问题

在学生被困电梯事件中，班主任要处理以下三个问题：

1. 了解电梯内学生的情况，安抚学生的情绪；
2. 指导被困学生有效自救；
3. 向导游和酒店寻求帮助，更快速、有效地帮助学生脱离困境。

处理流程

向被困学生发出简明、有效的自救指令 ⟶ 了解情况，安抚学生的情绪 ⟶ 向年级组汇报情况 ⟶ 与导游和酒店管理方讨论解救对策 ⟶ 开展突发事件应急处置教育。

方法与策略

1. 即刻向小A发出自救指令，如从低到高按下所有楼层的按钮；拨打电梯里的报警电话；背部和头部紧贴电梯不靠门的内墙；如电梯内有把手，紧握把手，防止摔倒；膝盖呈弯曲姿势，脚跟提起呈踮脚姿势等。

2. 了解被困学生的具体情况，安抚被困学生的情绪。鼓励小A保持冷静，并转告电梯里的其他同学，班主任正在想办法，不要害怕，不要乱动；再仔细了解电梯内的人员情况，如有几个同学、分别是哪几个班级的、目前情况如何等。

3. 及时反映情况，并向专业人员求救，如及时向酒店管理方、导游、年级组长、其他班主任反映情况，讨论解决方案，联系专业人员或拨打119进行救援。

4. 检查学生的身体情况,开展心理疏导。学生脱困后,第一时间检查他们是否受伤、身体有无不适,同时注意安抚学生的情绪。

5. 代表被困学生与酒店协商补偿事宜,并建议酒店对所有电梯进行检修,排除安全隐患,确保所有入住旅客的安全。

6. 回校后,开展后续的安全教育。

细节提示

第一,这些学生很有可能还没吃早餐,提前为他们备好早餐;第二,活动时间被耽搁,活动行程安排的变更需要与其他学生沟通,同时与导游做好协调工作;第三,要加强全体学生的安全教育,提高他们应对突发情况的能力。

专家点评

对学生的生命安全教育是一切教育的重中之重。班主任要抓住一切合适的教育契机进行安全教育,丰富学生的安全知识,帮助学生掌握基本的自救方法,最好能未雨绸缪。

(上海市华东师范大学第三附属中学提供)

8. 课堂上的师生冲突

某节英语课上，英语课代表来找班主任，说小张和英语老师发生矛盾，现在课已经上不下去了。班主任赶到教室，英语老师怒气冲冲地说："该学生的吵闹影响到我上课了，我训了他几句，他还顶嘴，我让他站到门外，他偏不走，请你来解决一下。"小张情绪激动，面红耳赤。其他同学在一旁看着，谁都不敢动。

如果你是班主任，应该如何处理这种情况？

分析问题

案例中，学生与任课老师发生冲突。在这个事件中，班主任要处理以下三个问题：

1. 了解小张和英语老师之间发生冲突的原因和详情；
2. 调解小张和英语老师之间的矛盾；
3. 开展课堂纪律维护和师生关系正向引导工作。

处理流程

稳定小张和英语老师的情绪 ⟶ 请英语老师继续授课，带领小张离开教室 ⟶ 与小张沟通，了解事件的具体情况 ⟶ 课间个别访谈班干部和小张周围的同学，了解事件的来龙去脉 ⟶ 做好小张与英语老师的沟通工作，化解师生矛盾 ⟶ 班级建设，跟踪处理。

方法与策略

1. 安抚、稳定师生情绪。如小张能克制情绪，请英语老师先继续上课，并保证自己会在课后对此事进行调查和处理；如小张情绪过于激动，可在征得其同意的情况下，将其带离教室，以免师生矛盾进一步激化。

2. 个别谈话，了解冲突发生的详情。从旁观者角度，与班干部和小张周围的同学沟通，了解事件的具体情况；从当事人角度，与小张谈话，利用沟通中的共情技巧,迅速安抚小张的情绪,并让其在平和的心态下自我分析课堂上与英语老师争执时的心理动因。

3. 引导小张站在英语老师的立场思考:如果你是老师,你会怎么想?待其冷静下来后,引导其思考:争执是否有利于事情的解决?有没有更好的处理方式?如果小张确实存在故意破坏纪律的情况,引导其承认错误,并寻找改正的方法。

4. 与英语老师沟通,首先承认班级纪律问题确实影响了课堂教学,也将学生反馈的情况及时与英语老师进行沟通交流,征询英语老师的意见,寻求解决方案。

5. 组织小张与英语老师沟通交流,如小张有违纪行为,须引导其向英语老师道歉,并引导双方本着相互尊重、相互理解的原则展开坦诚对话,化解师生矛盾。

6. 召开主题班会,讨论如下话题:课堂上发生师生或生生冲突时,我可以做什么?充分调动学生的认知兴趣,激发思维碰撞,实现自我教育。

细节提示

第一,了解学生和英语老师对英语教学的需求,做好双方的信息互通工作;第二,继续关注小张在英语课上的学习情况,并对其良好的行为给予认同;第三,加强班干部队伍建设,提高班干部群体的自主管理意识和能力。

专家点评

任课老师与学生发生课堂冲突时,如果局面可控,班主任首先要稳定双方的情绪,然后把学生带至相对独立、远离人群的空间,使事态迅速平息。后续的调查了解、疏通交流工作也要耐心和细致。

(上海市普陀区教育学院提供)

9. 失去了流动红旗

这一天，又是颁发流动红旗的日子。在一片惊愕声中，我们班的行为规范流动红旗被摘走了。同学们眼睁睁看着原来高挂在黑板上的红旗，挂在隔壁班的墙上了，一个个眼神黯淡，情绪低落。

如果你是班主任，回到教室后，应该如何处理这种情况？

分析问题

案例中，该班级的行为规范流动红旗挂在隔壁班的墙上了。在这一事件中，班主任要处理以下三个问题：

1. 安抚学生的挫败情绪，呵护大家的集体荣誉感；
2. 与大队部取得联系，了解班级行为规范扣分的项目以及背后的原因；
3. 与学生共同商讨改进对策，并有效执行。

处理流程

安抚学生的挫败心理，鼓励打气 ⟶ 剖析问题，寻找原因 ⟶ 制定对策，实施计划 ⟶ 加强自检，跟踪反馈。

方法与策略

1. 回到教室后，第一时间安抚学生的挫败情绪。运用沟通中的共情技巧，表达自己作为班主任此刻与全体学生感同身受，但是不能一味地沉浸在悲伤和沮丧中，而是要振作起来，直面现实，齐心协力，团结一心，继续努力。对于重新获得流动红旗，班主任还是满怀信心的，以此激励全体学生继续努力实现目标。

2. 安排班干部前往大队部与相关教师取得联系，一方面，培养学生自主处理班级事务的能力；另一方面，通过询问，让学生进一步了解学校行为规范检查的项目及其评价标准，明确班级扣分项目以及扣分的原因。

3. 指导学生分析班级行为规范建设中存在的问题，制定相关规章制度，共同寻求解决的办法,并在全班开展互观互检活动,对自己的行为进行自省自纠,同伴之间要相互监督与评价。

 细节提示

第一,班主任要营造积极向上的班集体氛围,做好集体凝聚力建设;第二,落实行为规范评比项目的要求,加强过程中的自查自检;第三,要与任课老师沟通,使他们了解班级创建的目标,取得他们的支持与协助。

 专家点评

一切为了良好班集体形成所做的努力都是值得的。班主任能够抓住这一契机,安抚学生的挫败情绪,呵护学生的集体荣誉感,针对问题制定具体行动方案,锻炼学生的沟通能力和解决问题能力,开展班级文化建设,相信这一系列举措最终会收到良好的预期效果。

(上海市宝山区教育学院提供)

10. 班干部落选后"辞职"

今年,学校的劳动楷模评选竞争激烈。班里有 4 个学生都报名了。但名额只有 1 个,班主任不得不用投票的方式请学生评选出他们心中的"明星"。结果出来了,宣传委员小敏少了 4 票,屈居第二,没有获得这个荣誉。第二天,小敏来找班主任,提出要辞职。仔细一问,原来她经常为班级出黑板报,教室的墙面也是她精心布置的。但同学却没有看到她的付出,投票很不公平。

作为班主任,面对小敏的委屈,应该如何处理?

 分析问题

案例中,小敏因落选劳动楷模后产生委屈心理和挫败情绪。在这个事件中,班主任要处理以下三个问题:

1. 安抚小敏的情绪;
2. 了解小敏提出的学生投票不公平问题是否属实;
3. 如何引导学生正确对待他人对自己以及自己对他人的评价。

 处理流程

安抚小敏的情绪 ⟶ 了解小敏落选的原因 ⟶ 肯定小敏付出的辛勤劳动,引导她冷静分析落选原因,正视自身存在的问题 ⟶ 引导小敏正确看待问题,帮助她明确今后努力的方向。

方法与策略

1. 及时安抚小敏的情绪,希望她冷静后再慎重决定是否继续担任宣传委员。
2. 访谈班干部及部分学生,了解学生对小敏的评价以及小敏落选的原因。
3. 约谈小敏,开展积极的评价引导,表达教师和同学对她工作热情和服务精神的肯定,否定她对自身落选原因的猜测,引导她正视自己存在工作不够踏实、不够细心和耐心等缺点,及时纠正她看待问题片面、偏执的错误,帮助她树立正确的价值观。

细节提示

对于被选上的学生也要加强教育，帮助他们分析自身存在的不足，督促他们规范自己的言行，向着合格的劳动楷模继续努力。

 专家点评

很多青春期学生习惯从自己的视角出发看待问题和评价他人，一旦不被他人认可，就容易出现偏激行为。这时，班主任要及时引导，既要帮助学生认识自己的不足，建立积极的改进目标；也要引导学生全面理性地看问题，分析其中的利弊得失，纠正认识上的偏差。这样，学生在未来的发展道路上才能走得更远。

（上海市回民中学提供）

11. 教师不能偏心

预备铃响后，教师拿着书本走进教室，发现黑板还未擦，便大声地问道："今天谁值日？为什么不擦黑板？"班上鸦雀无声。教师见没人答应，提高嗓门又问了一遍。

这时，坐在后排的小张跑上来，匆匆擦了起来。这是一名学习较差的学生，经常拖班级成绩的后腿。只见他认真而有力地擦着黑板，弄得教室内粉尘飞扬。于是，教师生气地说："同学们都瞧见了吧，这就是不负责任的人造成的后果。"

此时，不知是谁小声嘟囔了一声："今天不是他值日。"一名成绩优异的学生慢腾腾地站了起来，用几乎听不到的声音说："今天……是……是我……值日。"教师愣住了，干咳一声，说："你先坐下，下回注意。"

小张擦完黑板，低着头走回座位。教师听到学生的窃窃私语："成绩好的不做值日，老师就不责罚他；上次，我忘了擦黑板，就被罚了。""谁叫你成绩不好？老师就是偏心。"

如果你是教师，你会怎么做？

分析问题

案例中，这位教师在处理学生问题的过程中，存在以下三个错误：

1. 面对学生的一时失责，教师没有了解清楚情况，就以不耐烦和发怒的方式处理事情；

2. 教师对学生持有偏见且赏罚不公。用"成绩差"这样的固定印象来定义小张，还非常简单地把他的"成绩差"引申为对一切事情都"不负责"；而对另外一名学生则不一样，因其"成绩优异"而对其错误轻轻带过。

3. 教师存在不合理的学生评价观，以成绩评定一切，有失偏颇，难以服众。

处理流程

课后反思，制定处理方案 ⟶ 公开向小张道歉，对另一名未完成值日的学生作出相关处罚 ⟶ 完善班规，师生共同遵守，赏罚分明 ⟶ 后续班级管理中，教师更新观念，公平对待学生。

方法与策略

1. 更新观念，消除偏见，成绩不是评价学生的唯一标准。对学生的评价越来越趋于多元化和综合性，要从学生全面发展的角度正确评价学生。同时，根据多元智能理论，鼓励学生积极、主动地发挥自己的优势和特长，寻找并体现自我的存在价值。

2. 公平对待每位学生，赏罚分明，不能区别对待学生，更不能把学习成绩作为评价学生的标准。

3. 反思并改进对待学生的态度和处理方式。教师应当始终以平和的心态对待学生，不能大吼大叫。同时，遇到问题应先问清楚情况，如果不擦黑板只是学生的一时疏忽，请学生擦掉并提醒下次注意；如果学生常年不值日，那就要对其进行批评教育。

 细节提示

第一，区别对待学生是错误的学生观在作祟，所以教师应更新观念，全面、公正地评价学生；第二，小张因教师不公平的对待而受了委屈，教师事后应及时沟通，开展心理疏导，与小张重新建立起融洽的师生关系。

 专家点评

教师对学生或多或少存在一些"偏见"，而这些"偏见"对学生发展的不良影响却是深远而持久的。在素质教育当下，教师在教育过程中要贯彻落实教育的公平性，及时更新自己的教育观念，全面评价学生，真正发挥评价功能，也要做好学生成长道路上的领路人。

（上海市建平中学提供）

12. 依法依规接种疫苗

一所寄宿制高中的高一某班爆发了水痘疫情。根据防疫站指示，疫情班级接种了水痘疫苗。

由于全员住宿，所以班主任将水痘疫苗接种的告知书发到家长群中，明确了接种要求，并请家长发短信确认是否符合接种要求。学校医务室的校医查阅该班学生的接种卡，筛选出不符合接种要求的学生。第二天，防疫站工作人员给该班符合要求的学生接种了疫苗。

接种疫苗后的周末，有家长在家长群中质疑学校没有核实疫苗接种卡上的信息，给六年内接种过水痘疫苗的学生再次接种疫苗。而事实是该家长自己没有核实孩子过往的接种信息，将责任转嫁给学校。学校保留的小白卡中并没有该生六年内接种过水痘疫苗的信息，该生由于当天感冒也没有接种疫苗。家长只是借此表达对学校的不满，宣泄个人情绪。

如果你是班主任，应该如何处理这种情况？

分析问题

案例中，学生家长以没有发生的事情质疑学校，表达不满，宣泄个人情绪。在这个事件中，班主任要处理以下两个问题：

1. 了解家长反映的情况是否属实；
2. 维护教师的正当权益，及时安抚家长的情绪。

处理流程

安抚家长的情绪 ⟶ 向医务室了解情况 ⟶ 将事件上报年级组和德育处 ⟶ 保留相关记录 ⟶ 向家长和学生反馈情况 ⟶ 回访和跟踪处理。

方法与策略

1. 第一时间向医务室了解情况，判断事情的真相。
2. 保留家长的确认短信和医务室小白卡上的接种记录，作为证明学校工作符合规范的证据。

3. 向该生家长反馈实际情况,帮助家长理清事件的原委。
4. 在家长群中公开说明具体情况,对事件本身和学校工作流程进行解释。
5. 在年级组长和德育处领导的协助下对家长进行教育,了解他的诉求,解决相关矛盾。

 细节提示

当今社会,尊师重道的氛围越来越弱。教师在处理自己与学生家长的纠纷时,要知道如何保护自己,平时跟家长的沟通交流,建议留下证据,必要时保障自己的合法权益。

 专家点评

社会进步体现在家长对学校和教师的尊重和理解,能以科学的方式开展家校沟通,同时这种进步也应体现在办学合法性上。学校的各项工作务必依法依规,有科学明确的操作流程和行动方案,有畅通的信息公开机制,严谨到位,才能最大限度地减少家校矛盾,建构良性的家校关系。

(上海市进才中学提供)

13. 成为"秘密"的淫秽照片

某天中午,教室里有三名男生挤在后门角落里,偷偷地摆弄着手机。随着手指的滑动,一些不堪入目的照片赫然出现在手机屏幕上,三名男生的脸上呈现出奇怪的表情。他们不时紧张地将目光投向教室门口,唯恐同学或教师闯进教室,发现他们的"秘密"。这时,本打算透过后门玻璃窗检查教室卫生情况的班主任无意间发现了这一幕。

如果你是班主任,应该如何处理这种情况?

 分析问题

案例中,三名男生浏览淫秽照片被班主任发现。在这一事件中,班主任要处理以下三个问题:

1. 如何既能阻止三名男生浏览黄色照片的行为,又能保护他们的自尊心;
2. 如何对三名男生开展网络道德教育;
3. 如何向家长反馈这件事。

 处理流程

阻止学生浏览黄色照片的行为 → 私下沟通,正面引导 → 家校沟通,共同做好青春期教育 → 后续开展青春期教育主题活动。

📚 **方法与策略**

1. 装作若无其事地走进教室,不点破但及时阻止学生浏览黄色照片的行为,并提醒学生应遵守校规校纪——不带贵重的物品到学校。班主任先暂时保管手机,放学后归还。

2. 放学后,手机主人必定会找班主任取回手机,借机循循善诱,直接告诉该生,班主任已经发现了他们的"秘密",并开展适当的青春期性知识辅导,引导他正视"秘密",并请他转告另外两名男生。

3. 向家长反馈,指导家长做好家庭青春期教育,并与家长达成一致,这件事情要成为教师、家长、孩子之间共同的"秘密"。

4. 向年级组汇报并备案,开设青春期教育相关讲座。

 细节提示

在处理过程中,班主任要保护学生的隐私,不上纲上线,不过分苛责,不歧视,正确开展青春期教育。

 专家点评

让"它"成为一个成长的小秘密,不失为一种积极的教育智慧。青春期学生对性认识懵懂且充满好奇,作为班主任和家长,不要戴着有色眼镜看待这件事情,也不要避而不谈。班主任悄无声息地教育,让其成为共同的"秘密",既能保护学生的自尊心,使他们免受非议,也能及时指正学生的错误,做好青春期教育,还能拉近教师与学生之间的距离,一举多得。

(上海市建青实验学校提供)

中小学
合作篇

　　学校教育最应该借助的力量是家长,但家校合作并不是遇到情况时教师忙着告状、"甩锅",而是双方在建立良好情感关系基础上的有效沟通、指导与协商,让学校与家长成为彼此的助力。下面的案例包含了针对孩子网瘾、早恋、自暴自弃等情况,家校合力解决问题的过程,也探讨了当下对家长群管理的策略,希望能对家校共建工作有所启发。

1. 跟老师对着干

小A今天又在课堂上捣乱，不仅自己不认真听讲，还对老师所说的内容进行无谓的"引申"，引得同学哄堂大笑，影响老师教学以及班级同学听课。

小A经常不做作业，即便做了也颇为应付，或漏做或字迹潦草。面对老师的教育，他强词夺理，完全不理会老师的苦口婆心。

如果你是班主任，应该怎样引导他呢？

分析问题

进入青春期的学生具有强烈的自我意识，他们积极寻求关注，排除他人的"干预"，常常出现不服管教或对抗行为。案例中，小A的情况正是如此，在课堂中与老师对着干。在这一事件中，班主任要处理以下两个问题：

1. 如何正确地疏导和引导青春期学生的叛逆心理与行为；
2. 如何帮助学生形成良好的学习习惯。

处理流程

师生沟通，了解情况 ⟶ 联系家长，达成家校教育的一致性 ⟶ 联系任课教师，共同商讨 ⟶ 发动班干部，开展互助活动 ⟶ 寻找学生的进步之处，强化闪光点。

方法与策略

1. 私下沟通，了解学生行为背后的具体原因及其需求。
2. 请家长到学校，与家长沟通，了解小A的生活环境、兴趣爱好、优点等，并对家长开展家庭教育指导，取得家校教育的一致性。
3. 对叛逆期的小A，班主任说话要注意分寸，尽量多肯定与鼓励小A的闪光点，改善师生关系。任课老师抽时间帮助小A弥补知识漏洞，增强学习信心，培养学习兴趣。
4. 动之以情，晓之以理，密切关注，深切关怀。班主任除了做其他学生的思想工作外,还可以指派一至二名班干部关心和帮助小A,让小A感受到集体的温暖。

 细节提示

第一,设立课堂表现记录本,由小A本人定时找任课老师评议课堂表现,起到监督作用;第二,家长每天检查小A的作业,培养良好的作业习惯;第三,班主任定期与家长沟通,及时肯定与表扬小A的进步。

 专家点评

青春期学生冲动、自尊心强、爱表现、爱自由,班主任不应动不动就"给下马威"或以"你怎么如此糟糕"等言语讽刺学生。案例中,班主任因势利导,通过创造机会和创设平台,将小A的表现引导到正道上,是非常机智的做法。青春期学生比较叛逆,有较强的自我意识。因此,家长和班主任要根据他们的成长特点,经常沟通,了解需求,及时予以肯定与支持,帮助他们消除内心的困扰与矛盾。

(上海市向明初级中学提供)

2. 多个角度还原事件

放学时，学生们背上书包，一窝蜂地冲出教室。"嗨！""哇！"躲在楼梯口的小静和小亮，突然大叫一声，正急匆匆离开学校的小黄被吓得一愣。看到吓愣住的小黄，小静和小亮开心地大笑起来。"你们吓死我了！"有点生气的小黄推了小亮一下。

在两人推搡的过程中，小黄的眼镜不小心滑落掉在地上，镜片摔碎了。"快去告诉老师！"围观的学生将三人的情况告诉了班主任。

班主任积极处理这件事。处理时，小静、小黄和小亮都承认自己的错误。三人互相道歉，和好如初。同时，小亮表示，他将赔偿小黄的眼镜。

但是，当晚班主任的电话响起。"您好，我是小亮的奶奶。这眼镜我们肯定不赔偿，又不是我们小亮一个人的问题，小黄先推搡我们的，凭什么我们赔？不赔！"

如果你是班主任，接下来如何处理这种情况呢？

分析问题

案例中，小静、小亮和小黄发生了争执，小黄的眼镜摔碎了。该事件涉及三个责任人，班主任要处理以下两个问题：

1. 与当事学生和围观学生沟通，了解事情的缘由和经过；
2. 与学生家长沟通，明确各方责任，协商解决方案。

处理流程

与当事学生沟通，了解事情的缘由和经过 ⟶ 与围观学生沟通，了解事情的原委 ⟶ 与三方家长沟通事情的缘由和经过，明确各方责任，协商如何赔偿 ⟶ 回访和跟踪处理 ⟶ 后续开展安全教育。

方法与策略

1. 第一时间与小黄、小亮、小静沟通，了解事情的经过，并要求他们三人将事情如实记录下来。

2. 请围观学生客观讲述事情的经过，并做笔录。通过围观学生和当事学生的讲述与笔录，最真实地还原事情的经过，初步确定三名学生在事件中的责任。

3. 当晚约谈三位家长，也可以将家长集中到学校一起谈。把围观学生和当事学生的笔录给家长看，确定三方的责任，依据责任的分割，本着相互理解、体谅的精神友好协商赔偿事宜。

4. 密切关注小黄眼镜的赔偿情况，并关注三名学生在学校的相处情况，创造机会帮助三名学生摒弃前嫌，友好相处。

5. 在全班开展安全教育，包括在校文明休息、同伴之间文明相处等。

 细节提示

第一，整个突发事件涉及学生较多，各有责任，班主任在进行责任界定时，一定要注意提供相关科学依据；第二，事件当事人多是从自己角度陈述事件和界定责任，因此班主任可以从当事人和旁观者多个角度还原事件的真相。

 专家点评

班主任处理偶发事件，尤其是涉及多个学生的责任认定且有赔偿情况时，请当事学生和围观学生如实做好笔录是解决问题的关键。从当事人和旁观者多个角度尽可能地还原事件的真相，有助于家长协商解决问题。

（上海市长青学校提供）

3. 多管齐下戒网瘾

班主任家访时,小贺始终躲在房间里不肯出来。班主任即将离开时,经过妈妈反复劝说,小贺才终于打开房门。班主任问他不愿开门的原因,他不肯说。但是正在闪烁的电脑屏幕告诉大家,原来他一直躲在房间里玩游戏。听妈妈介绍,小贺从小学起就迷恋上了玩游戏。

面对游戏成瘾的学生,如果你是班主任,应该怎么做?

分析问题

案例中,小贺沉迷网络游戏,班主任家访时也在玩游戏。在这一事件中,班主任要处理以下三个问题:

1. 了解小贺沉迷网络游戏的原因;
2. 了解小贺父母对他的家庭教育效果如何;
3. 帮助小贺尽快摆脱游戏瘾,重拾学习兴趣。

处理流程

了解情况,明确小贺沉迷网络游戏的原因 ⟶ 针对问题,初步拟定解决方案 ⟶ 家校沟通,达成共识 ⟶ 后续开展科学使用网络的主题教育 ⟶ 跟踪观察,及时回访。

方法与策略

1. 首先,要找出学生沉迷网络游戏的原因。很多学生往往因为成绩差而丧失了学习信心,转而迷上网络游戏,在虚拟世界里寻找自信。所以,要改变这种状况,最重要的就是要帮助他们重建自信。

2. 学生的成长,离不开父母的教育,所以家校合作很重要。在教育这类学生时,关注家庭教育对学生的影响,多与家长沟通,达成共识。家庭中的某个家长要有绝对的话语权,其他家长要配合好,保持一致的教育思想。

3. 要帮助学生摆脱游戏瘾,最关键的是要帮助学生克服学习上的畏难心理，让他在学习过程中体会到乐趣，体验到成功的喜悦，从而重新燃起学习兴趣，如可以组织成绩好的同学帮助他解决学习上的困难。作为班主任，还要协调好各科教师，共同帮助他扫除学习上的障碍。

 细节提示

对于游戏成瘾的学生，短时间内，学校教育的成效不会太明显，所以教育时需要格外有耐心。第一，在学生有点滴进步时，不要吝啬表扬，多表扬、多鼓励他们；第二，在此过程中，难免会有反复，班主任对自己和学生都要有信心；第三，要加强家校共育建设，保持家校共育的一致性。班主任及时与学生家长进行有效沟通是帮助学生更好成长的关键。

专家点评

对待网瘾学生，要通过父母、教师和同伴的关注和爱护使其感到温暖，通过分层目标的达成提升其学习信心和热情，通过心理专业人士的介入和引导助力其戒断游戏瘾。多管齐下，成效也许会更为明显。

（上海市尚文中学提供）

4. 亲子陪伴很重要

小文的父母都是商人，家庭经济条件不错。他们忙于生意没有时间照顾孩子，就请了一位大学生长期担任小文的家教，并照顾小文的生活。小文在校学习成绩很不稳定，做错了事也不敢承认，经常说谎，平时独来独往。

如果你是班主任，应该如何改变这种状况？

 分析问题

案例中，小文身上表现出来的种种问题与其长期缺乏父母的陪伴有关。作为班主任，需要处理以下两个问题：

1. 走进小文的内心世界，了解小文的具体想法；
2. 与小文的家长沟通，引导家长认识父母的陪伴在孩子成长过程中的重要性，并就小文近期的不良行为协商具体对策。

 处理流程

与小文沟通，了解他的想法 ⟶ 与小文的家教老师沟通，了解小文在家的表现 ⟶ 与小文的家长沟通小文的教育问题 ⟶ 后续跟踪并关心小文的学习以及与父母的交往状况。

方法与策略

1. 私下沟通，对小文开展单独教育与引导。针对小文在校做错事不承认以及经常说谎的情况，班主任要与小文面谈，了解具体原因，鼓励他勇敢地承认错误，并真诚待人；对于小文独来独往的现象，班主任可以有意识地安排几位热心的同学主动接近小文，在日常学习和各项活动中多关心小文，帮助他尽快融入班级生活和结交好友。

2. 开展后续行为品行矫正和家庭教育指导。第一，致电小文的父母，告之小文在校的情况，并约其父母一起来校面谈。第二，与小文的父母面谈时，要恳切地告诉他们家庭教育在孩子成长中的重要性，父母是孩子的监护人，必须承担责任。第三，与家长协商解决措施，对于孩子不敢承认错误、经常说谎等品质上的问题，需要班主任和父母同步进行教育才能纠正过来；对于孩子独来独往比较孤僻、不合群的性格，更需要父母的温情陪伴和教导。

3. 后续跟踪观察，及时回访。一方面，在校园生活中，班主任要及时观察小文行为品行改正的情况，多关心、多鼓励、多提点；另一方面，与家长沟通，了解小文在家的情况。

 细节提示

第一，除了在校多关心小文外，班主任还要时常联系小文的父母，督促他们重视家庭教育，多花点时间陪伴小文；第二，若现状没有丝毫改变，班主任还可以与年级组长或学生处负责老师一起约谈小文的父母，促使他们重视家庭教育问题，承担教育孩子的责任。

 专家点评

孩子的健康成长不能仅仅依靠学校教育，父母的陪伴对孩子的成长有着难以估量的影响，直接关系到孩子个性品质的形成和性别角色的正常发展，甚至影响孩子的智力和体格成长。因此，家校共育才更有利于孩子健康成长。但是，现在很多家长因为忙于事业，要么让老人照看孩子，要么请保姆或家教陪伴孩子。殊不知这种"亲子中断"所造成的孩子在情感和安全感方面的欠缺，会直接导致孩子的性格自卑、敏感和无法产生信任感等，在孩子生命中留下无法痊愈的"内伤"，甚至影响孩子未来的生活质量。所以，班主任要再三向家长强调：父母的陪伴是对孩子最好的爱，父母的陪伴是每个孩子人生中一笔宝贵的财富。

（上海市静安区教育学院附属学校提供）

5. 形式多样的家长会

家长会一般都是班主任唱主角，其内容无非是班主任先分析一下学生成绩，谈谈班级的近况，再给家长提点要求，最后请部分家长留下来谈话。这种形式的家长会让家长和班主任都有"鸡肋"般的无奈……

对于班主任来说，怎样才能开好家长会，收到令人满意的效果呢？

分析问题

案例中呈现的家长会问题，反映的是传统的学校教育理念：教育以学校为主，家长配合学校教育，按照学校教育的要求行事。因此，家长会常见的形式就是班主任对家长进行单向灌输式的说教。

新时代的学校教育理念是：学校教育必须与家庭教育互为补充，互为助力，形成合力，共管共育。因此，需要改变学校主导、班主任单向说教的家长会传统，改革家长会的形式，真正达到家校共管共育的目标。

处理流程

学校领导和班主任更新学生培育观念 ⟶ 根据新理念，改革家长会的形式，构建家校沟通、共管共育途径 ⟶ 鼓励家长更新育儿观念，积极参与学生教育活动。

方法与策略

新教育理念下，班主任可以根据学生发展需求和家长需求组织家长会内容，创新形式，打破家校藩篱。以下五种方式可供参考。

1. 主题讲座：请校长、家长或专家开设有针对性的讲座。
2. 教育沙龙：班主任担任主持人，参与嘉宾为学校领导和师生，可以根据不同的主题与环节灵活设定，进行过程中要保证观众总是有机会参与互动交流。
3. 亲子活动：活动以趣味游戏为主，设置一定的奖项，以家庭为单位参加。

4. 学生展示：学生通过分享课程学习中取得的阶段性成果，展示自己的成长。

5. 学校或班级与家长互发感谢信，感谢家长或教师的教育，感谢孩子在学校的杰出表现，感谢孩子的点滴进步。

总之，家长会要以学生为本，多角度、多侧面地呈现学生成长的方方面面，多种形式开展家校互动，使家长了解学生的发展情况，明确学校教育情况，有途径参与学生成长。

 细节提示

家长会的最终目的是拓宽学生的教育途径，服务于学生成长。因此，形式可以多样化，但重要的是形式要能为学生教育服务，不能本末倒置，徒有形式。

 专家点评

家长会是班主任实现家校共育、家校沟通的主阵地。其功能一是帮助家长了解孩子在校的学习状况；二是帮助家长了解不同年龄阶段孩子的心理发展需求，掌握相应的家庭教育策略；三是帮助家长了解学校的教育方法和途径，配合学校做好学生的教育工作。家长会是班主任了解家长教育需求的重要途径，家长会也可以成为孩子们展示成长硕果的最佳场所。

（上海市崇明区实验中学提供）

6. 平稳度过早恋期

模拟考试后,班主任召开了例行的家长会。小丽是班级的优等生,然而只有班主任知道这次小丽的数学成绩由于早恋的原因考得并不理想。与以往家长会不同的是,为了对比两次月考成绩,班主任宣读了两次考试分数相差较大的学生名字。读到小丽名字的时候,小丽紧张极了,小丽爸爸的面部表情也顿时从自豪变成满脸疑惑。小丽爸爸拿起小丽98分的数学考卷走向班主任,看到不明显的修改过成绩的试卷,班主任的表情也变得异常复杂。

如果你是班主任,应该如何处理这种情况?

分析问题

案例中,小丽由于早恋而成绩下降,为了隐瞒家长而私自修改了成绩。在这个事件中,班主任要处理以下三个问题:

1. 是否公开处理小丽的早恋问题;
2. 是否当面指出小丽修改成绩的问题;
3. 面对小丽爸爸的疑惑以及小丽的不安,应该采取什么措施。

处理流程

公开场合避谈小丽的早恋问题 ⟶ 家长会上肯定小丽成绩的稳定性 ⟶ 家长会后,单独约谈小丽,听取其对早恋问题的看法,指正其修改成绩的不当之处 ⟶ 约谈小丽的家长,了解小丽在家的表现及最近的状态,并为家庭教育提出相关建议。

方法与策略

1. 首先考虑到小丽的自尊心,家长会上暂时以"善意的谎言"圆场。
2. 家长会后,单独找到小丽谈心。先肯定她希望以良好成绩回报父母的一片孝心;再以朋友的身份听取她对早恋的看法,在同意不公开的情况下,约定采取保密原则;最后引导她树立正确的爱情观。批评她擅自修改成绩的做法，约定暂时为她保密，但要求她下次考试争取以更好的成绩来证明自己的悔过自新。

3. 约谈小丽的家长，了解小丽在家的表现及最近的状态。根据了解的情况和小丽个人的要求，委婉提醒家长要多关注孩子的成长。同时，建议家长经常与班主任沟通，了解小丽各方面的情况，共同为孩子创造良好的成长环境。

细节提示

第一，召开班级会议，开展青春期知识系列讲座；第二，开展以"宽容和诚信"为主题的寓言故事演讲比赛，加强诚信教育。

专家点评

青春期学生的健康成长离不开和谐融洽、包容开明的亲子关系。班主任可以提醒家长以平等、真诚、信任的态度对待孩子，多尊重、关心和理解孩子，正视早恋问题；也可以引导家长及时与班主任联系，家校形成合力，共同帮助孩子提高认识，鼓励孩子勇敢地面对现实和解决问题。

（上海市嘉定区教育学院提供）

7. 建立家长群规则

开学后，班主任建了一个家长群，方便发通知，家长也可以相互沟通信息。但好景不长，家长群里的问题越来越多。班主任发了一条消息，被家长的点赞和回复淹没了，有的家长不能及时收到通知。有时候到了晚上，突如其来的消息不断响起，打开一看，居然是某个家长在"晒"孩子的图画。有时候，小A和小B的父母会在群里因为小问题相互奚落……真是不胜其烦，班主任真想解散这个家长群。

如果你是班主任，应该如何处理这种情况？

分析问题

案例中，家长群的管理出了问题。在这个事件中，班主任要处理以下几个问题：

1. 如何约束家长在群里的发言；
2. 如何让家长群发挥信息有效沟通的功能；
3. 如何利用家长群建立温馨有序的班级文化。

处理流程

建立家长群规则 ⟶ 定期管理家长群 ⟶ 与个别家长沟通，树立榜样 ⟶ 把握家校沟通原则，线下解决争执。

方法与策略

1. 建立家长群公约。建立家长群之初，可以在群公告里明确家长群的功能，特别是提出几点要求，如不发敏感信息、垃圾广告和黄色图片，不发表不和谐言论，不晒生活照，不点赞教师的通知等，不允许言语攻击……

2. 及时管理家长群信息。及时制止发表不当言论的家长继续发言，如果屡教不改，可以利用群主身份禁言，甚至踢出家长群。当然，做出禁言决定前，还需要与家长私信或者单独沟通，了解对方的意见，相互理解，协商解决问题。

如果家长仍然坚持不配合，可以在禁言的同时，上报学校领导。

3. 联系几位关系较好、素质较高的家长，成为家长群的发言主力。倡导家长关心学生的身心健康，倡导民主科学的育儿经验交流，倡导家长遇到问题时要理性思考。这几位高素质家长的发声，可以创造和谐的交流氛围，发挥家长群的积极作用。

4. 遇到家长在群里反馈问题，班主任应积极应对，但不用在群里当众表态。

如果是学生之间的矛盾导致的家长争执，可以在了解原委的情况下，请双方家长私下共同化解。家长群虽然由班主任组建，但主体是家长。班主任可以借此了解家长的意见，但须慎重参与，不随意发言。

细节提示

为家长群制定规则，只是规范家长在群里发言的第一步。关键则在于能否将这些规则落地生根，让其发挥积极作用；而要真正发挥作用，还得班主任当好群主，将这些规则执行到位。

专家点评

QQ群、微信群这些新兴交流平台，在家校联系、沟通、交流中发挥的作用日益加强，因此班主任有必要在建群之初就与家长协商、制定相应群规，以此来很好地规范和约束群成员的行为，使其在家校共育的过程中更好地发挥桥梁和纽带作用。

（上海市金山区教育学院提供）

8. 学会掌控时间

高一第一学期期中考试后，班主任召开家长会。家长反映孩子周末学习情况存在如下问题：

1. 开着QQ，边聊天边做作业，说是互相讨论题目；
2. 一会儿做作业一会儿玩游戏，说是需要放松身心；
3. 做作业态度很认真，但速度很慢，效率很低，考试成绩不理想。

如果你是班主任，面对家长反映的情况，应该如何处理？

分析问题

家长反映的情况暴露出一个关键问题：学生不能有效分配和掌控自己的时间。学生分配时间的特点需要了解，学生在家的表现需要深入分析，班主任要有培养学生合理分配和掌控时间的方法和策略，家校需要有效合作。

处理流程

确定学生学习奋斗的目标 ⟶ 全面评估学生在家时间的使用情况 ⟶ 有计划地整合使用时间 ⟶ 召开主题班会，传授作业时间分配和掌控策略 ⟶ 建立家校共同体 ⟶ 建立成长档案 ⟶ 跟踪回访。

方法与策略

1. 帮助学生确立人生目标。分配和掌控时间始于规划，班主任指导学生根据目标制定合理规划，如让学生列出人生目标清单，根据实际情况确定学习任务的优先次序。

2. 传授学习分配和掌控时间策略。首先，班主任可以先引导学生做好"时间日志"，建立"收支表"，从而全面评估时间的使用情况，找出浪费的零碎时间，有计划地整合使用；其次，引导学生合理规划使用电脑和手机的时间，提高自控能力；最后，培养学生养成"今日事，今日毕"的好习惯。

3. 营造良好的学习氛围。班主任利用班级显性文化和隐性文化，时刻提醒学生不要忘记自己的使命,做一个掌控自己时间的人。

4. 召开主题班会。请学生分享成功经验,形成自我掌控时间的有效方法与策略。

5. 构建家校共同体。教师、家长、学生针对如何掌控时间和生活,共同学习,共同分享,共同成长。

6. 建立成长档案。教师、家长、学生定期记录时间使用情况,综合学生各方面的表现,建立成长档案。

 细节提示

在实施过程中,班主任要利用积极心理学,让学生和家长相信:有效地利用时间是一种人人都可以掌握的技巧。只要掌握该技巧,就一定能更好地掌控自己的时间,从而实现人生目标。

 专家点评

案例中,班主任采用的方法和策略值得借鉴,家校共育尤其重要。教师和家长如果能引导学生学会学习,学会自主学习,必将使其受益终身。

(上海大学附属中学提供)

9. 走出父母离异的阴影

高一刚开学不久,班主任周一早上照常去教室巡视,发现小方没来学校。班主任立即打电话给小方的父亲,得知小方按平时离家时间去上学后,不知怎么又返回来了。现在他将自己关在房间里,叫他也不应答。班主任问道:"这两天有没有发现小方有什么异常的表现?"小方的父亲直言他在和小方的母亲办理离婚手续,小方对此事的反应比较激烈。

如果你是班主任,应该如何应对这件事?

分析问题

案例中,小方因父母离异事件没去上学,情绪比较激动。在这个事件中,班主任要处理以下三个问题:

1. 请小方的父亲补办请假手续;
2. 对小方开展心理疏导和教育;
3. 指导家长对小方开展积极引导。

处理流程

与小方的父母取得联系,稳定小方的情绪 ⟶ 班主任尝试联系小方,争取形成对话 ⟶ 多方了解小方目前的心理状态 ⟶ 针对小方的心理症结,家校共同商议,采取相应措施 ⟶ 约谈小方的父母,指导家长开展积极的家庭教育 ⟶ 后续跟踪,关注小方的身心发展。

方法与策略

1. 与小方的父母取得联系,确保小方在房间里不会出现自我伤害行为,并提醒家长不要强行要求开门,可以等待小方情绪平复后尝试交流。

2. 与家长沟通,了解事件的影响程度。向小方的父母进一步了解小方开学后在家的状态,了解小方不来上学除了受父母离婚事件的影响外,是否还存在其他原因,如新生入学各方面适应困难等。

3. 尝试联系小方，开展心理疏导。如小方不接听电话，班主任可以尝试用微信或短信的方式开导他，在建立师生安全倾诉关系的基础上，鼓励小方向自己倾诉。对于小方的情绪宣泄和倾诉，班主任应表示充分理解。如果小方试图以极端方式引起父母的关注，从而挽回父母的婚姻，班主任应引导小方尊重父母的选择。如果小方本身就存在融入集体的困难，父母的离婚又进一步加重了他归属感的缺失，那么班主任应鼓励小方有意识地增加与同学和教师的沟通，并安排班干部和其他热心的同学引导小方融入集体生活，在集体活动中找回归属感。

4. 指导家庭教育，引导家长提供稳固的亲情支持，及时与小方沟通，多陪伴、多关注小方的生活细节，消除其因父母离异而带来的不安全感，同时引导家长对未来小方的抚育事宜作出合理规划。

5. 将情况及时告知各科老师和年级组长，在保护小方家庭隐私的前提下，密切关注小方的课堂表现，积极创造师生、生生互动交流的机会，帮助小方尽快在学校生活中获得信心和归属感。

6. 组织班级破冰活动，增进班级学生间的交流和感情，为小方营造和谐友爱、轻松安全的班集体氛围。

 细节提示

这是一个家校协作、共同关注学生健康成长的案例。班主任的职责是对学生实施教育行为，但无权干涉其家长的婚姻选择，也很难影响其家庭的走向。在这样的情况下，班主任首先应倾听学生的心声，了解学生内心真正的困惑和真实的诉求。在此基础上，可以建议学生尽量来校上学，通过投入学习、感受集体生活、参与班级学校活动来转移注意力，使沉浸在父母离婚之事的学生摆脱忧郁和焦虑，勇敢地做命运和生活的主人，积极阳光地面对未来。

专家点评

父母离异对青春期学生是一个严峻的挑战，学生容易出现人际问题和学习问题。此时，家校更应形成合力，共同帮助学生走出父母离异的阴影，使学生重拾对美好生活的憧憬和向往。

（上海市复旦大学附属中学提供）

10. 放学后孩子不见了

周五晚上 8 点，距离放学已经过去 3 个小时了。小凯的家长在家长群中对班主任说孩子还未到家，十分着急地询问孩子放学后有没有被任课老师留下。

如果你是班主任，应该如何处理这种情况？

分析问题

案例中，小凯放学后未及时回家，家长十分着急。在这个事件中，班主任要处理以下三个问题：

1. 明确小凯因何原因未回家，究竟去了哪里；
2. 安抚家长的情绪；
3. 找寻小凯，找回后立即开展后续教育。

处理流程

联系任课老师，了解小凯的行踪 ⟶ 将事件上报年级组和学生处 ⟶ 发动班级群的力量，了解小凯的踪迹 ⟶ 保持家校沟通，及时更新小凯的行踪信息 ⟶ 找到小凯后，安抚情绪，深入了解原因 ⟶ 根据具体情况，开展后续教育。

方法与策略

1. 第一时间打电话给各位任课老师，了解小凯放学后是否被留校。如果被留下，了解其离校时间及情绪状态；如果未被留下，了解是否有留意到小凯的情绪有何异常。

2. 确认小凯的情绪正常后，第一时间打电话给家长，反馈任课老师反映的情况。同时，询问家长近期小凯在家中是否遇到什么事情、平时他喜欢去哪里、现在可能会去哪里等，积极开展搜寻。

3. 动员家长的力量，获取小凯的行踪信息。在家长群里求助其他学生家长，询问各自的孩子在放学后是否看到过小凯，了解小凯的行踪。

4. 扩大信息来源，不限于本班家长群，借助年级组和学生处等多方力量，在其他班级群里积极搜寻小凯的踪迹，并与小凯家长及时互通信息。

5. 找到小凯后，先安抚其情绪，再深入了解小凯放学后未及时到家的原因，将家长和教师当时的心情以及为了找到他所做的一系列努力告知他，从而引导小凯树立责任意识，学会尊重、关心和体贴他人。

  细节提示

加强学生的责任意识教育，提醒学生放学后及时回家，有什么特殊情况应及时告知家长，以免家长担心。

 专家点评

孩子的安全是家校教育共同关注的首要问题和重中之重，因此很有必要在有关孩子安全的方方面面预先进行教育、约定和警示。现在，很多学校都安装了监控探头。如有必要，班主任可以在和家长达成一致意见后报警，由警方调取监控视频，尽快获得学生的行踪，争取宝贵的时间。

（上海市七宝中学提供）

11. 不翼而飞的钢笔

放学了,小青心急如焚地说自己那支小兔笔套的钢笔不见了。"今天带到学校了吗?""是不是遗忘在家里了?"还未离校的同学边安慰边询问。"早上到校我看见钢笔在笔盒里,写字课我还用钢笔写字呢!现在却不见了。"小青泪水湿润了眼眶。"别哭,你再仔细找找。"小青从台板到书包找了个遍,确认这支笔是不见了。其他学生都回家了,明天回校是否能找回来,真是"大海捞针,漫无头绪"!

如果你是班主任,应该如何处理这种情况?

分析问题

案例中,小青放学时发现自己的钢笔不见了。在这个事件中,班主任要处理以下两个问题:

1. 安抚小青的情绪,联系小青的家长;
2. 了解钢笔丢失的经过,并找回钢笔。

处理流程

安慰小青的情绪 ⟶ 了解事件的经过 ⟶ 家校沟通 ⟶ 借助多方力量,找回钢笔 ⟶ 跟踪处理。

方法与策略

1. 及时安抚学生的情绪,与学生谈话交流,深入了解钢笔遗失的过程,与学生家长当面或电话沟通情况,并告知班主任已经跟进寻找,及时反馈信息。

2. 利用班级微信群,扩大信息获取范围。第一时间展开调查,告知家长们:小青放学前发现遗失一支钢笔,麻烦家长们询问自己的孩子是否看见。如有家长在孩子笔盒里发现此笔,望及时与班主任联系。

第一,若有家长主动联系,主动归还钢笔。首先,表示感谢;其次,了解事件的原委,根据"拿"钢笔的动因采取相应措施。若是孩子无意间错拿,提醒家长增强孩子的自理能力；若是孩子因喜欢或捡到故意拿了，要加强诚实守信教育，请家长配合教育。此外，第二天到校，单独让两名同学面对面处理，归还钢笔并诚恳道歉。

第二，若没有家长主动联系，归还钢笔，那么要对这次事件进行深入调查。如最后仍未找回钢笔，就如实与小青和家长沟通情况，取得家长的谅解。

3. 后续开展财物管理教育和诚信教育。一方面，加强学生财物自我管理意识，传授财物管理技巧；另一方面，加强诚信教育，如别人的物品，不经主人同意不能拿取。

 细节提示

如是学生故意拿钢笔，第一，班主任应与其谈心，及时引导；第二，与学生家长及时沟通，加强教育；第三，在保护学生自尊心的前提下，开展班级诚信教育。

 专家点评

家长是学校的重要助力，是学校教育的重要资源。案例中，一方面，学校借助家长微信群，扩大信息范围，能更快速地获得钢笔丢失的相关信息，提高效率；另一方面，家长参与钢笔丢失事件，也能让家长意识到孩子财物管理教育与诚信教育的重要性，顺势开展家庭教育。家校合力，更能有效地帮助学生养成良好的行为习惯和品质。

（上海市卢湾区第二中心小学提供）

12. 排座位的风波

小张学习方面出类拔萃，自我约束能力较强；小顾属于后进生，自我约束能力较弱，时常会影响周围的同学。他俩是一对同桌。一次，学校教学开放日后，小张的家长强烈要求班主任给小张换个座位，班主任不同意。小张的家长情绪激动地说："我看到课上我女儿呆呆地坐着，没法进行英语口语操练，我很难过。我女儿告诉我已经跟班主任说过很多次要换座位，但是班主任没有给她换，班主任是不是不喜欢她？"

如果你是班主任，接下来应该如何处理这种情况？

分析问题

案例中，小张的家长对座位安排提出了争议。在这个事件中，班主任要处理以下三个问题：

1. "好差"搭配排座是否合理；
2. 如何保障这样的座位安排能促进学生学习；
3. 如何做家长的思想工作以及打消家长的顾虑。

处理流程

与当事学生沟通，了解学生的想法与意愿 与当事学生家长沟通，协商座位的安排。

方法与策略

1. 先与小顾沟通，让他说说与小张同桌的感受。告诉他，小张很愿意和他同桌，因为小张认为小顾虽然有时会干扰她的学习，但是有进步了，她就很高兴。这其实是为了保护后进生的自尊心，让这些学生明白，老师和同学们都没有放弃他，都愿意接纳他并乐意帮助他。

2. 再做小张的思想工作，告诉她，同桌小顾很感激她的帮助，也对自己给小张带来的影响表示歉意，老师也非常喜欢她，并希望她能带领同学进步。让学生明白,和后进生做同桌是老师对他们的信任,在学习上帮助后进生,并在纪律上监督他们。这些优秀的学生既过了一把"小老师"瘾,又提升了自身能力,还促进了后进生的转化,教学相长,两全其美。

3. 与小张的家长沟通,告知家长小张还是愿意坐在原来的座位,愿意帮助同桌共同进步。并告诉家长,如果一段时间后,还坚持换座位,再与家长协商解决。

 细节提示

第一,面对排座位造成的矛盾,班主任要向学生灌输团队精神和适应环境的重要性,同时针对不同学生采取不同措施。如对学习较好的学生,要给他们一个高起点,让他们站在团队荣誉的高度发挥正能量,使其产生以弘扬团队精神为己任、以带动他人进步为荣的心理共鸣;对那些纪律差的学生,要采取各个击破"战术",让他们知道班主任将成绩好的学生安排在他们身边的良苦用心,让他们领悟到铁的纪律中包含着的尊重和关爱。

第二,面对家长可能提出各种各样的问题,教师要对症下药,打消家长的顾虑。如有的家长提出孩子眼睛近视,一方面,提醒家长为孩子配好眼镜;另一方面,也多关心近视的孩子。

> **专家点评**
>
> 小小的座位安排蕴含巨大的教育智慧。但是无论以哪种方式安排座位,教师都应遵循为学生服务的教育性导向。
>
> 案例中,班主任在安排座位时,注意到学生成绩优良搭配、视力、身高、个性等因素,试图为每一位学生寻找合适的座位,可谓用心良苦。家长比较在意自己的孩子是否与自控能力弱、不守纪律、成绩差的孩子做同桌。因此,班主任在座位安排时,要做好家长的思想工作,说清座位安排的依据,打消家长的疑虑。在家校态度一致的情况下,共同帮助学生进步。

(上海市浦东新区龚路中心小学提供)

后记

上海市开展中小学（幼儿园）见习教师规范化培训以来，涌现出很多带教智慧。有的将幼儿教师的入园工作转化为朗朗上口的"三字经"，有的引导新教师制作教育反思手账。这些有针对性的培养，都越来越重视案例化和规范化。带教导师们希望通过真实、鲜活的教育案例分析，让新教师在教育情境中有所启发，提升专业素养。

应广大见习教师和带教导师的要求，我们向全市征集"教育案例"和"教育情境"，得到了各区教育学院和见习教师规范化培训基地校的大力支持，共收获近700份稿件。这些案例全部来自新教师的教育叙事、指导教师的带教手记、上海市教师专业发展学校和上海市各区教育学院的培训材料。这些尚带着基层教师"体温"的案例，在经过反复推敲和筛选之后，成为新教师培训的鲜活资料；这些专家打磨过的撰写模板，在经过反复试用和实践之后，成为新教师培训的有效手段。

上海教育出版社将这两份凝聚全市教师培训者智慧的案例资料修订打造成为《场景中的教育常理》和《行动中的教育机智》两本书。它们的出版其实是信息共享时代的产物，凝聚着所有关心职初教师专业发展的领导、专家、导师和新教师的智慧。在此感谢上海市教委的大力支持，感谢上海市师资培训中心周增为、陈霞、任洁、陈飚、宁彦锋等老师的精心组稿编审，感谢上海市各区教育学院师训部王凌珏、高晖、黄怡华、徐瑞、孟备、李梅园、孙立、徐蕾蕾、张娟、颜晓莉、王瑜瑾、何建英、江平、周红星、汪琴红、丁梅、梁巨慧等老师和教研员的全面推进，感谢上海市教师专业发展学校老师们的积极撰稿，感谢吴国平教授的精心指导，感谢伍敏、闫凌云和王慕云等老师和同学的编辑修订。

编者
2020 年 8 月